COMO VENDER NA CRISE E AUMENTAR SEUS LUCROS

MAGNO A. SIPAÚBA

astral
cultural

Este livro foi revisado segundo o Novo Acordo Ortográfico da Língua Portuguesa.

Produção Editorial Aline Santos, Ana Massa, Bárbara Gatti, Fernanda Costa, José Cleto, Luiza Marcondes e Natália Ortega
Preparação de texto Luciana Figueiredo
Revisão Audrya Oliveira
Capa Aline Santos
Foto autor Arquivo pessoal

Dados Internacionais de Catalogação na Publicação (CIP)
Angélica Ilacqua CRB-8/7057

S626c Sipaúba, Magno A.
Como vender na crise e aumentar os lucros / Magno A. Sipaúba. — Bauru, SP: Astral Cultural, 2019.
144 p.

ISBN: 978-85-344-0011-4

1. Vendas 2. Atendimento ao cliente 3. Negociação I. Título

19-1936

CDD 658.81

Índices para catálogo sistemático:
1. Vendas 658.81

ASTRAL CULTURAL É A DIVISÃO LIVROS DO GRUPO ALTO ASTRAL.

BAURU
Rua Gustavo Maciel, 19-26
CEP 17012-110
Telefone: (14) 3235-3878
Fax: (14) 3235-3879

SÃO PAULO
Alameda Vicente Pinzon, 173
4° andar, Vila Olímpia
CEP 04547-130
Telefone: (11) 5694-4545

E-mail: contato@astralcultural.com.br

COMO VENDER NA CRISE E AUMENTAR SEUS LUCROS

Dedico esta obra a todos aqueles que,
de alguma maneira, venceram as crises
e contornaram o fracasso.
Você nasceu para triunfar, e aprender
com as adversidades faz parte da
caminhada. Lembre-se disso!

SUMÁRIO

INTRODUÇÃO

É possível que toda empresa competitiva tenha seus momentos de altos e baixos. Embora os momentos difíceis ou de crise sejam os melhores para se reinventar, são poucas as empresas ou os profissionais que conseguem as competências necessárias para brilhar e crescer nesse período. Este livro é para o leitor que busca conhecimento competitivo em vendas e que pretende se diferenciar na carreira e conquistar uma posição de prestígio para entrar no seleto grupo daqueles que são considerados "profissionais de vendas".

Esta obra servirá como guia para a criação de um programa de desenvolvimento para toda empresa do mercado varejista que busca crescimento, e como uma base de treinamento que pode ser replicado com facilidade às equipes comerciais. Seu propósito é prestar serviço de alta qualidade ao cliente e verticalizar os lucros o mais rápido possível.

Você conhecerá o ciclo da maestria em vendas. Os sete passos perfeitos na composição de uma abordagem mais efetiva para profissionais e empresas que almejam ser referência em seu segmento.

Os quatro C's da negociação são os elementos-chave para qualquer profissional alcançar a expertise na arte da negociação eficaz: "Conhecimento de si mesmo", "Conhecimento do cliente", "Conhecimento do produto" e "Conhecimento do concorrente". Sem o domínio de ao menos um desses conhecimentos, sua negociação talvez não alcance a mais alta rentabilidade e a satisfação plena do seu cliente.

Na parte final do livro está o programa de crescimento profissional, ou PCP, que servirá como alicerce tanto para o profissional de vendas, que busca crescimento com base em um progresso consciente, como para o gestor, que tem em mãos um programa de acompanhamento para avaliar, passo a passo, o desempenho de sua equipe.

> *Não pretendemos que as coisas mudem se sempre fazemos o mesmo. A crise é a melhor bênção que pode ocorrer com as pessoas e as empresas, porque ela traz progressos. A criatividade nasce da angústia, como o dia nasce da noite escura. É nas crises que nascem as invenções, os descobrimentos e as grandes estratégias. Quem supera a crise supera a si mesmo sem ficar superado. Quem atribui a ela seus fracassos e suas penúrias violenta seu próprio talento e respeita mais os problemas do que as soluções. A verdadeira crise é a crise da incompetência. O inconveniente das pessoas e dos países é a esperança de encontrar saídas e soluções fáceis.*

Sem crise, não há desafios. Sem desafios, a vida é uma rotina, uma lenta agonia. Sem crise, não há mérito. É nela que se aflora o melhor de cada um. Falar de crise é promovê-la, e calar-se sobre ela é exaltar o conformismo. Em vez disso, trabalhemos duro. Acabemos de uma vez com a única crise ameaçadora, que é a tragédia de não querer lutar para superá-la.

— Albert Einstein

...vendedores que se esforçam para prestar bons serviços aos clientes ganham mais do que os colegas que só se preocupam com as próprias comissões.

— William Ury, no livro *Como chegar ao sim com você mesmo*

1. ATENDIMENTO INICIAL

Quando decidimos comprar um produto, sendo por necessidade ou não, como um sapato, por exemplo, a verdade é que primeiro queremos dar uma olhada nos modelos, atestar sua aparência, senti-lo nos pés, verificar o conforto, a qualidade, a durabilidade e também o preço, claro, mesmo que este último não seja o fator mandatório, salvo exceções, de acordo com algumas pesquisas. Então, o que você gostaria que acontecesse primeiro? Receber um ótimo atendimento inicial? E o que seria um ótimo atendimento para você? Sempre faço essa pergunta aos participantes dos meus treinamentos de vendas.

Eis algumas respostas. "Ah! Pra mim, é ter um sorriso no rosto... Boa aparência... Estar bem vestido, ser cortês, ter postura ao cumprimentar. Às vezes, o vendedor acha que pode cumprimentar uma cliente bonita de outra maneira, quer abraçar, beijar, isso é ridículo! 'Ô minha linda, minha princesa, em que posso ajudar?' Percebemos que essas palavras estão sendo ditas com 'segundas intenções', eles não entendem que geram um desconforto, é impressionante!"

"Que ao menos seja atencioso! Em muitos casos, quando vou comprar um produto em uma loja, o vendedor se aproxima, cumprimenta e logo sai para atender outro cliente! Eles querem atender todo mundo ao mesmo tempo, e todos acabam insatisfeitos."

PRIMEIRA IMPRESSÃO

Infelizmente, alguns vendedores não se preocupam se a camisa está amarrotada, se a calça está desfiando, se o buraco do cinto improvisado na faca ficou mal feito, se é possível notar que a meia perdeu o elástico... se a maquiagem está muito forte, incoerente, chamando a atenção de maneira desnecessária. Alguns se esquecem do ditado que diz que "a primeira impressão é a que fica".

Por natureza, o ser humano tende a fazer pré-avaliações, e intuir coisas com base em suas experiências de vida, crenças e valores. Essas avaliações podem ser feitas até mesmo antes de o cliente ir até a loja. Imagine o *slogan* de uma propaganda de trinta segundos com um batalhão de vendedores aparecendo no comercial, vestidos em camisas parecidas com a do Exército Brasileiro, e uma frase na frente (em caixa alta, na cor branca) dizendo: AGORA É GUERRA!

Por mais que o comercial esteja recheado de informações explícitas condizentes, os clientes não apenas pensam sobre as informações que estão sendo ditas, mas também sentem. A intenção do departamento de marketing pode ter sido das melhores, mas, nesse comercial, o comandante (o gerente de vendas) dá uma ordem — não perder nenhum negócio — e o batalhão (vendedores) brada em alto e bom som os compromissos com o cliente: "Melhor atendimento! Menor preço! Satisfação garantida!".[1]

Imagine essas palavras sendo ditas em um tom de academia militar, no qual o comandante está conduzindo sua tropa para os gritos de guerra.

Pesquisas têm mostrado que a quantidade de informação que o consciente consegue lidar (apenas quatro por vez), não é páreo para o inconsciente, que consegue captar quarenta bilhões de dados sensoriais por segundo.[2]

Agora, pense em como os clientes se sentiram quando assistiram àquele comercial? As palavras foram bonitas, mas, segundo Carl W. Buechner, "As pessoas podem se esquecer do que você disse, mas jamais se esquecerão de como você as fez sentir".

Essa cena acontece em um comercial de uma empresa do varejo de automóveis, em que os vendedores esperavam os clientes como se estivessem se preparando para um ataque. Você consegue imaginar? De fato, clientes têm desejo de comprar, mas algumas ações causam efeito contrário. E não menos preocupante é que profissionais do marketing tradicional talvez não saibam que determina das companhas publicitárias mais afastam do que atraem. Você já pôde perceber que atendimento inicial vai muito além daquele

---

1. https://www.youtube.com/watch?v=4XcgXEcirJs&list=WL&index=30. Acesso em: set 2019

2. WEINSCHENK, Susan M. *Apresentações brilhantes*. Tradução de Paulo Polzonoff Jr.; Rio de Janeiro: Sextante, 2014.

aperto de mãos entre o vendedor e/ou recepcionista "bem vestida" atrás de um balcão e o cliente. Envolve também que tipo de informações as empresas estão transmitindo através dos seus canais midiáticos e qual impacto estão causando, se negativo ou positivo.

DICAS PARA EMPRESAS

Antes de lançar uma propaganda na mídia, ou criar algum tipo de peça promocional, não confie apenas nas ideias "mirabolantes" do departamento de marketing. Compartilhe o material com as equipes próximas e peça para que colaborem com *feedbacks*. Certa vez, trabalhei em uma empresa farmacêutica que tinha o hábito de envolver as equipes comerciais nesses e outros assuntos. Resultado: muitas peças promocionais foram melhoradas e outras sequer saíram do papel.

Atualize os funcionários que estão diretamente envolvidos nos trabalhos de publicidade e marketing com cursos e treinamentos. Ao aprender neuromarketing, por exemplo, as equipes podem conhecer os aspectos subjetivos da motivação de compra, bem como estimular o consumo de maneira indireta, mas proposital, tornando seus produtos alvo de desejo.

O uso de uniformes é um modo de estabelecer um padrão entre os funcionários, e os clientes conseguem identificar mais facilmente quem é quem. Porém, algumas empresas cobram do funcionário o respectivo uniforme alegando que os custos são altos. Pergunto: onde está o real prejuízo? No uniforme ou na insatisfação do funcionário que vai atender as dezenas de clientes que passarão pela sua empresa? Outras companhias não adotam o uniforme, preferindo deixar à escolha do próprio funcionário que roupa usar, nesse ou naquele dia. Embora essa intenção soe democrática, entendemos que em uma democracia precisa haver regras, e claras, para que sejam evitadas desconexões entre a identidade visual da empresa e dos funcionários. Acompanhe de perto e, caso necessário, compartilhe com seus funcionários um código de vestimenta de acordo com o que a empresa espera.

Outro problema que passa uma primeira impressão ruim ao cliente ocorre nas empresas que optam por contratar estagiárias para recepcionar seus clientes. Até aqui, nada de errado, muito pelo contrário, sabemos que os custos de um funcionário no Brasil não são baixos. O problema é arremessar a estagiária na recepção sem qualquer treinamento em relacionamento comercial, isolando a coitada no meio de uma "savana" e, se muito, pedir para um funcionário mais antigo ensinar como operar o *tablet* para o cadastramento do cliente. Aí está o pecado.

O sistema de cadastramento do cliente talvez seja a última tarefa a ser ensinada para a nova funcionária. A primeira é: se sua empresa não tem pessoas qualificadas para facilitar um treinamento de relacionamento comercial, contrate uma empresa especializada nessa área e cuide para que ao menos um dos funcionários obtenha um treinamento específico para se encarregar de multiplicar os conhecimentos aos novos contratados, reduzindo assim os custos de treinamentos todas as vezes que tiver de contratar um novo funcionário. Vale ressaltar que, se o multiplicador for um funcionário, ele pode receber alguma espécie de gratificação ou recompensa por isso. A colheita desses frutos é inevitável.

Se sua empresa possui vários vendedores, cuidado para que não fiquem como um batalhão na porta da loja esperando o próximo cliente para atacar, como já presenciei inúmeras vezes. Se o atendimento é por vez, certifique-se que os outros vendedores estejam na prospecção de clientes através dos *leads*, respondendo e-mails e realizando atendimento em outros canais que não seja o *showroom*. Isto para não correr o risco de o cliente se deparar com um corredor humano de vendedores "tubarões" ao chegar à porta da loja, ávidos pela próxima refeição, causando um tremendo constrangimento para o cliente.

DICAS PARA PROFISSIONAIS

Peça *feedback* a um colega sobre como está sua vestimenta: cinto, sapato, camisa, calça... Como está seu visual: barba, cabelo, se o perfume está adequado, não muito forte, e, não menos importante, o hálito! Muitas pessoas se sentem desconfortáveis em dizer ao colega que ele está com "mau hálito" — e pior, talvez a própria pessoa não perceba o odor desagradável que está exalando. Em uma entrevista com o cirurgião Ronaldo Barbosa[3], o Dr. Drauzio Varella fala que, na maioria dos casos, o mau hálito ou a halitose não tem origem no estômago, como muitos dizem. Salvo exceções, o mau hálito é causado na própria língua, lá as bactérias: "[...] quando fermentam, liberam substâncias ricas em enxofre. É a presença e o cheiro do enxofre que provoca o mau hálito".

Caso você fique envergonhado ao perguntar para um colega como está seu hálito, pergunte a uma criança. Você ficará surpreso com a sinceridade. E não deixe de visitar seu dentista regularmente. Primeiro, para fazer as prevenções. Segundo, para não correr o risco de, ao sorrir, estar com alguma cárie, dente encavalado ou espaços vazios na parte da frente da boca!

Embora muitos cargos não exijam cuidado com a aparência física, o vendedor faz parte da "vitrine" da empresa, então é necessário tomar certos cuidados, até mesmo para ser contratado. Conheço um caso em que o candidato à vaga de vendas só foi contratado quando prometeu que iria imediatamente corrigir o espaço entre os dentes, fruto de uma extração na parte frontal da boca. Fique certo de que o cliente não falará nada ao perceber alguma imperfeição, mas pode computá-las contra você.

Outro cuidado a se ter é com as "rodinhas" de vendedores na porta da loja. Essas reuniões passam uma

---

3. "Mau hálito". Disponível em: https://drauziovarella.uol.com.br/entrevistas-2/mau-halito-entrevista/. Acesso em: set. 2019

mensagem implícita aos clientes e geralmente não causam uma boa impressão. Alguns vendedores gostam de se atualizar com vídeos e notícias na internet e, desde que seja fora do horário de trabalho, nenhum problema, mas quando isso acontecer durante o expediente, é necessário conversar para desaconselhar o uso de *smartphones* no trabalho. Em minhas viagens pelo Brasil, fico impressionado com tanta falta de atenção no cliente, com as distrações no processo de vendas. Lembre-se, você é um consultor (profissional de vendas) e certos comportamentos podem colocá-lo no outro grupo, o dos vendedores medíocres, que possuem resultados medianos, salários medianos, vida mediana e, por fim, um futuro mediano.

VENDEDOR X PROFISSIONAL DE VENDAS

Como mencionei, existem dois grupos: vendedores e consultores (profissionais de venda). Agora, vamos caracterizar os comportamentos e as atitudes de cada grupo para sabermos a que classe pertencemos. Em meus seminários, costumo fazer uma pergunta: existem diferenças entre vendedor e profissional de vendas? Depois de alguns segundos de silêncio e algumas carinhas espantadas, aos poucos, ouço sussurros pelo meio do auditório. Com vozes ainda desconfiadas, os participantes respondem um "sim" ainda meio duvidoso. Então, dou um sorriso e pergunto novamente: "Há ou não há diferenças entre vendedor e profissional de vendas?". Eles respondem com mais confiança: "Siiiiim!". Em seguida, faço outra pergunta: "Se há diferenças, me digam, quais são elas?". A partir daí, divido a turma em grupos menores, dou uma folha para que cada um dos grupos discorra sobre e caracterize cada classe. Passados mais ou menos dez minutos, peço que os grupos se apresentem. Veja no quadro a seguir as principais diferenças que listei de acordo com meus seminários:

VENDEDOR	PROFISSIONAL DE VENDAS
Vende um produto.	Adequa o produto às necessidades do cliente.
Age no "aqui e agora".	Age com base no presente e no futuro.
Pensa apenas no "eu ganhar".	Pensa no que a empresa vai ganhar: o cliente e ele.
Conhecimento superficial dos produtos que vende.	Pleno conhecimento dos seus produtos, inclusive dos principais concorrentes.
Trabalha o "eu".	Trabalha o "nós" – contribui para os resultados da equipe.
Antiético.	Não se deixa corromper, preserva os valores e a ética.
Desequilíbrio emocional.	Inteligência emocional – sabe como abrandar suas emoções e as dos clientes.
Poucos clientes.	Possui uma base sólida de clientes fiéis.
Atitudes de convencimento.	Age com base na consultoria – primeiro entende a outra parte.
Pensamento negativo.	Pensamento positivo – mesmo nas dificuldades.

VENDEDOR	PROFISSIONAL DE VENDAS
Entrega somente números.	Resultado quantitativo e qualitativo.
Aprendizado suficiente.	Aprendizado contínuo — possui o hábito de treinar, ler e aprender.
Andarilho — está apenas de passagem.	Faz carreira — veio para se estabelecer na profissão.
O "tempo" é seu inimigo — vive embaraçado com as tarefas.	O "tempo" é seu aliado — administra sua rotina diariamente.
O troféu a qualquer custo.	Sabe que seus resultados são frutos da semeadura.
Necessita de "cenouras".	Motivado.
Ama o dinheiro.	Ama o que faz, senso de propósito.

EXERCÍCIO

Um vendedor eficaz primeiro tenta entender as necessidades, as preocupações, a situação do consumidor. O vendedor amador vende produtos. O profissional vende soluções para as necessidades e os problemas. Ele também aprende a relacionar as necessidades das pessoas com seus produtos e serviços.

—Stephen R. Covey, no livro *Os 7 hábitos das pessoas altamente eficazes*

Faça uma reflexão e avalie a si mesmo conferindo-se nota de 1 a 10, considerando que as notas mais baixas são características de um vendedor e as notas mais altas, de um profissional de vendas.

1	2	3	4	5	6	7	8	9	10

Quais são os seus pontos fracos identificados no quadro?

____
____
____
____
____
____

Quais são os seus pontos fortes?

____
____
____
____
____
____

Quais são as qualidades da coluna da direita que você ainda não possui e vai desenvolver para obter melhores resultados?

____
____
____
____
____
____

Ricardo é o próximo da fila para atendimento e está esperando sua vez, quando percebe que um cliente entra na loja e logo é atendido pela recepcionista, que gentilmente anota nome, telefone e e-mail para depois apresentá-lo ao vendedor. Então, Ricardo dá continuidade ao atendimento:

> [Ricardo] Bom dia, sr. Bruno! Meu nome é Ricardo, sou executivo de vendas, posso ajudar?
> [Cliente] Rapaz, quero dar uma olhada no Uno Vivace, mas, veja bem, eu só estou olhando!
> [Ricardo] Certo, sr. Bruno. Qual seria o carro que o senhor está só olhando? Sou executivo de vendas e o meu trabalho é apresentar o veículo para o senhor, falar dos grandes benefícios que esse carro possui e também esclarecer as possíveis dúvidas que surgirem durante a conversa.
> [Ricardo] Então, qual seria o carro?
> [Cliente] Certo! O carro é o Uno Vivace!
> [Ricardo] Hmmm... Muito bem! E o carro é para o senhor mesmo?
> [Cliente] Não, é para minha esposa.

Ricardo faz a apresentação estática do veículo, consegue convencê-lo a realizar o *test drive* e logo depois os dois voltam para a mesa:

> [Ricardo] Sr. Bruno, diante de todos os benefícios que o senhor pôde perceber com o Uno Vivace e conhecendo sua esposa melhor do que ninguém, o Uno Vivace atende as expectativas de vocês?
> [Cliente] Eu gostei desse carro, mas a minha esposa também gostou do novo Ford Ka e, como eu havia falado, o carro

> é para ela. Contudo, eu que pagarei. Minha esposa está no trabalho, não pôde vir, mas, pediu para que eu olhasse esse carro. E foi por isso que eu vim.

Sempre muito cortês, com um sorriso no rosto praticamente em todo o tempo, Ricardo resolve avançar um pouco mais, e faz outra pergunta:

> [Ricardo] Mas como o senhor mesmo disse, é o senhor quem vai pagar. Por que não fazer uma surpresa para ela comprando esse carro hoje?
> [Cliente] Como eu havia dito no início, só estou olhando! E como você já sabe, é minha esposa quem vai dirigir. Mas... me passa o seu cartão que eu lhe procuro no sábado.

Ricardo usa uma linguagem mais persistente:

> [Ricardo] Nós estamos com uma taxa especial, e eu só tenho essa unidade na cor vermelha no estoque. Para garantir o carro para sua esposa, o senhor me passa um cheque caução no valor de apenas 200 reais e eu consigo segurar o carro para vocês até sábado, pode ser?
> [Cliente] Não! Eu já disse que no sábado eu lhe procuro!

Sem que ele perceba, o rosto do vendedor perde o brilho e aquele sorriso do início do atendimento é trocado quase que instantaneamente por um semblante mais sério e pouco amistoso. Ricardo levanta da cadeira, saca do bolso da camisa o cartão de visita. O cliente ainda sentado e, em um tom de voz mais grave, lábios serrados, com o rosto mais rígido, Ricardo diz:

> [Ricardo] Ok, senhor! Pode me procurar no sábado, mas eu não lhe garanto que esse carro ainda estará no estoque!

Cumprimentando o cliente com um rápido aperto de mão, ele se despede, mas sem a mesma gentileza do início do atendimento. Sou testemunha ocular de centenas de outros atendimentos como esse, que não chegaram ao fim desejado e ainda foram motivo de frustração e insatisfação para ambas as partes.

Quando comecei minha carreira de vendedor, por volta dos meus dezesseis anos, passei por vários segmentos que também envolviam o ramo de vendas de veículos e pude presenciar, primeiro como vendedor e depois como consultor, diversos atendimentos aos clientes. O caso do vendedor Ricardo é apenas mais um, no sentido de que não houve um tempero especial, ou seja, um verdadeiro atendimento dentro dos padrões, digno de um profissional de vendas.

Em uma revenda de automóveis, tive a chance de estudar um rapaz considerado o melhor vendedor de carros das concessionárias Fiat do país. Além de possuir uma van personalizada com o seu próprio nome, que servia também como um canal de vendas móvel, esse vendedor possuía outras particularidades. A concessionária ainda disponibilizava funcionários para trabalhar exclusivamente para ele, dando todo o suporte para que ele pudesse vender mais e mais.

Ele era considerado um astro na empresa. Deu entrevistas para redes de televisão, apareceu em revistas de amplo espectro, era a sensação do momento. Então, procurei investigar de perto essa "sensação". Queria saber como ele fazia para ser tão prestigiado pela empresa e vender tanto. Baseei minha análise não apenas naquilo que os funcionários comentavam ao seu respeito, mas também no seu comportamento, e o mais importante, no que os clientes falavam.

O CENÁRIO VENDE?

Imagine um cenário econômico em que havia facilidade de crédito e financiamento, poucas exigências, prazos largos para pagar, chegando a setenta e dois meses, estoques lotados de carros e bônus de fábrica. Talvez esse período tenha sido a "era de ouro" das concessionárias, vendia-se muito. Revendas que possuíam uma boa localização, investimentos para publicidade e marketing e vendedores agressivos faziam a festa.

Nesse caso, não era surpresa que vendedores atingissem o patamar de trinta, quarenta, cinquenta vendas por mês. E o vendedor que recebia certos privilégios da empresa, em detrimento do restante da equipe, obviamente conseguia vender muito mais. Esse é o caso do vendedor dos meus estudos. Ele vendia não porque era um profissional, mas, — acredite — porque era exatamente o tipo de vendedor listado no quadro nas páginas anteriores. Para vender, ele furava a fila, roubava o cliente do outro vendedor que sentava próximo a sua mesa, alegando fazer um preço ainda melhor. Era só o colega vacilar, ou seja, se ausentar de sua mesa para buscar uma água ou um café, que ele entrava em ação. Eu ficava assustado com essas cenas.

Certa vez, um entregador técnico me contou que o "astro" vendeu para uma cliente o Uno Vivace e a cliente estranhou quando foi receber o carro porque havia comprado o Uno Way e não o Vivace. O tal vendedor foi chamado na entrega técnica e deu a seguinte explicação: "Não, minha senhora, o seu carro é esse mesmo. E o "Kit Way" a senhora vai receber pelo correio!".

A Fiat lançou no Brasil o novo Uno em várias versões: Way, Vivace, Sporting. Portanto, ou você compra o Uno Vivace ou a versão Way, não havia essa história de "Kit Way" e muito menos que o tal kit chegaria pelo correio. Mas essa era apenas uma das investidas do "maior vendedor do Brasil".

Seus estagiários eram vendedores disfarçados. Enquanto ele ia para a porta da loja tomar a vez de algum colega, os estagiários estavam cadastrando a ficha de um cliente, apresentando um novo carro, tratando da documentação da aprovação de crédito ou ainda acompanhando a entrega técnica de um veículo dando aqueles famosos "tapinhas" nas costas do cliente e dizendo muito obrigado.

Aqueles clientes que tinham a sorte de receber o carro do jeito que foi prometido e o boleto de financiamento no valor que foi acordado acabavam elogiando e indicando mais clientes. Já os outros... Infelizmente, em alguns casos a empresa tinha que chamar o "superadvogado", que era quase um funcionário. Vivia dentro da empresa, cuidando de processos, dia após dia. Adivinhe de quem eram muitos deles? Acertou!

Você já consegue perceber o motivo por que essa pessoa recebeu o título de melhor vendedor de carros daquela marca? De fato, preciso concordar: só ele poderia levar essa medalha de ouro. Esse funcionário tinha todas as características de um "verdadeiro vendedor" e, claro, nada tinha de profissional de vendas. Tanto que, até o momento da publicação deste livro, a empresa ainda está colhendo os frutos desse título. Ou melhor, dos tantos processos deixados em agradecimento.

Sob o ponto de vista quantitativo de vendas, talvez seja interessante para uma empresa ser conivente com esse tipo de funcionário a curto prazo. Mas, em sendo por outro motivo, não consigo encontrar justificativas inteligentes para alimentar funcionários com esse perfil e ainda tratá-los como estrelas. É um grande erro! Por que sacrificar a equipe em prol de um jogador apenas?

John Wooden, aclamado como o maior técnico de basquete de todos os tempos, conta que o também treinador Earl Warriner lhe deixou duas lições aprendidas ainda na sua juventude: "1) Nenhum jogador é mais importante que o time. 2) Quando alguém segue as próprias convicções, precisa também estar disposto a sofrer as consequências disso". Wooden conta que, certa vez, tentou ser tratado de modo especial, pedindo para algum colega da equipe ir à sua casa buscar o seu uniforme de basquete. "Ele me cortou do jogo. Fui para o banco porque tentei me valer do fato de ser o melhor do time para que um colega cumprisse uma responsabilidade que era minha." Naquele dia, o jovem John Wooden entendeu que "o astro do time é o time e não um indivíduo, por mais talentoso que seja". [4]

Um profissional de vendas não se diferencia dos demais pelas "mordomias" que recebe por parte da empresa, muito pelo contrário. Se ele consegue se diferenciar justamente em um ambiente de trabalho totalmente imparcial, significa que ele consegue obter resultados acima da média lidando com o mesmo estoque, estando no mesmo cenário e recebendo o mesmo suporte administrativo que vale para todos os demais.

E ainda: um profissional acima da média consegue se relacionar melhor não apenas com os clientes externos, mas também com os internos. Ele é querido, de fácil relacionamento, humilde e bastante cortês. Trabalha com afinco e sabedoria, e emprega muito bem Provérbios 18:1, que diz que "quem se isola, busca interesses egoístas, e se rebela contra a sensatez". Portanto, um verdadeiro profissional de vendas não busca apenas os seus próprios interesses, mas fundamentalmente sabe alinhá-los com os da empresa e os do cliente. William Ury, um dos maiores especialistas em negociação, chama este processo de alinhamento de "ganha-ganha-ganha[...] vitórias não só para nós e para o outro lado, mas também para todo o contexto mais amplo[...]."[5]

---

4. WOODEN, John; JAMISON, Steve. *Jogando para vencer:* a filosofia de sucesso do maior técnico de basquete de todos os tempos. Organização de Bernardinho. Rio de Janeiro: Sextante, 2011.

5. URY, William. *Como chegar ao sim com você mesmo:* o primeiro passo em qualquer negociação, conflito ou conversa difícil. Tradução de Afonso Celso da Cunha. Rio de Janeiro: Sextante, 2015.

FALSA IMPRESSÃO

Muitos vendedores estão sofrendo hoje daquilo que eu chamo de a síndrome "Eu-era-o-melhor-vendedor" em períodos de bonança. Como já dito, eles não vendiam. A localização estratégica da loja, o nome da empresa, suas propagandas, campanhas publicitárias, seu marketing, estoques e ambiente agradável favoreciam muito os resultados das vendas. O trabalho do vendedor consistia apenas em "atender" o cliente.

Então, na maioria das vezes, ele não vendia, tirava somente o pedido. No momento em que eu escrevo este livro, o Brasil está passando por uma crise nacional, sendo poucas as empresas no varejo que não estão sendo afetadas. No segmento de automóveis, por exemplo, já há uma grande queda na produção e também o fechamento de milhares de postos de trabalhos.

Em um cenário como esse, é natural que o consumo diminua, haja um aumento no índice de inadimplência e os bancos, por sua vez, restrinjam o acesso ao crédito e aumentem a taxa de juros. Por conta do movimento baixo, empresas começam a demitir e iniciar programas de cortes em todo o orçamento. Algumas delas optam por alugar uma loja menor e de baixo custo, até com localização menos privilegiada. O orçamento do departamento de marketing cai drasticamente e as campanhas publicitárias são reduzidas.

É justamente nesse ambiente de incerteza econômica que desaparecem os "vendedores" e surgem os verdadeiros profissionais de vendas. Por um lado, os vendedores dizem que não estão vendendo por causa da crise e recorrem à memória dos ótimos resultados que tinham no passado.

Por outro lado, os profissionais de vendas buscam novas alternativas para se adaptarem a essas mudanças, e até mesmo crescer em meio às adversidades.

Se você acabou de ser contratado por uma varejista que compete nesse cenário econômico, eu tenho uma boa notícia. Se houver empenho em se tornar um profissional de vendas, é possível crescer mesmo em meio à crise econômica que estamos enfrentando.

POSSO AJUDAR?

Profissionais de sucesso são motivados por metas e objetivos; os que fracassam, por justificativas.

— Magno A. Sipaúba

"Posso ajudar, senhor?" "Posso ajudar, senhora?" "Oi, posso ajudar?" "Psiu! Ei... posso ajudar?" "Sim!" "Paga essa conta pra mim!" "Me dá cem reais!" "Casa comigo?"

Uma das perguntas mais tradicionais feitas pelos atendentes e vendedores no Brasil ficou tão banal, que as pessoas resolveram até fazer chacotas e brincadeirinhas sem graça com ela. De fato, é uma pergunta comum e tradicional, até aqui nenhum problema, mas, eu te pergunto: você se considera um atendente ou vendedor comum? Você se considera um vendedor tradicional? Se sim, então está aí a razão de seus resultados também serem tradicionais, de não saírem da média.

Leia essa frase de Albert Einstein: "Insanidade é fazer as mesmas coisas e esperar resultados diferentes". Vamos mudá-la para o nosso contexto: "Loucura é ter comportamentos ordinários e esperar resultados extraordinários". Portanto, em vez de "Posso ajudar?", por que não: "Olá, seja bem vindo a loja X, meu nome é Y. Qual é o seu nome? **Como eu posso te atender?**"; "Boom diiaa! Muito prazer, meu nome é Y. Qual é o seu? **Em que posso atendê-lo?**".

Em meus seminários, trago exemplos simples como esses para evitar o uso do repertório de um vendedor comum. Para se diferenciar e não ser tachado de "vendedor tradicional" é necessário saber o que seus pares estão fazendo. E tanto o discurso inicial como a entonação dizem muito ao nosso respeito.

O CORPO FALA?

Imagine-se entrando na loja de um shopping. Na entrada está aquele típico vendedor — pernas cruzadas, ombros caídos, mãos para trás, semblante insípido — que faz aquela pergunta. No que você pensaria? Será que não é ele quem está precisando de ajuda? Provavelmente, sim!

Quantas vezes já vimos vendedores virados de costas para a entrada da loja, batendo papo com a funcionária do caixa ou a recepcionista, senão de cabeça curvada para o celular? Será que só foi comigo? Hmmm... acredito que não! Repare você mesmo da próxima vez em que for realizar outra compra.

Profissionais de vendas não têm tempo para brincadeiras e conversas paralelas. Sabem que "tempo é dinheiro" e que conversas sem propósito só servem para desfocar daquilo que é mais importante para ele e para a empresa.

Cinco dicas para realizar um ótimo atendimento inicial:

1. Esteja sempre atento, pois os clientes podem vir de todos os lados e não é bom que você seja pego de surpresa. Houve uma ocasião em que o cliente passou pelos quatro cantos da loja e, sem encontrar um vendedor, foi até o gerente:

> [Cliente] Olá, vocês estão recebendo currículo?
>
> [Gerente] Sim!
>
> [Cliente] Para essa loja?
>
> [Gerente] Sim!
>
> [Cliente] Na área de vendas?
>
> [Gerente] Sim, na área de vendas...
>
> [Cliente] Tem como contratar um vendedor para me atender?

2. Observe como está sua postura corporal. Se seus ombros estão eretos, se você está sorrindo, se as mãos estão cruzadas na frente do peito, se as pernas estão entreabertas em vez de cruzadas. Muito cuidado ao oferecer a mão para um cumprimento. Há clientes que não cumprimentam dessa maneira. Estenda a mão somente se a iniciativa vier deles.

3. Atente-se para o seu visual. É sempre recomendável que mulheres estejam maquiadas, mas sem excessos. Busque um meio termo entre os sapatos altos e baixos. Prefira um calçado confortável para não comprometer seu desempenho ou minar sua energia. Vale ressaltar para os homens a importância da barba sempre feita ou aparada e dos cabelos cortados e harmonizados com o perfil do seu ambiente de trabalho. Se o segmento que você representa é formal, cuidado com os cortes que podem comprometer sua comunicação visual.

4. Seu tom de voz precisa estar equalizado com o do cliente. Imagine um vendedor com uma voz grave no volume dez e um cliente com voz mais suave no volume quatro. O cliente se sente agredido pelo som alto, e isso não é nada bom. Para se chegar ao *rapport*, ou seja, à sintonia com seu interlocutor, busque perceber as dicas corporais do seu cliente. Observe a maneira como ele se senta, se expressa e gesticula, bem como o tom da sua voz. Essas são algumas pistas para você começar a compreendê-lo e gerar *rapport*.

5. Cuidado com os famosos pré-julgamentos. Uma atitude sua que demonstre falta de interesse no cliente - seja por questões étnicas ou sociais - pode causar um grande impacto negativo ou até processos judiciais. Situações filmadas podem parar nas redes sociais e viralizar. Portanto, trate a todos com educação e respeito. A expressão corporal do vendedor diz muito mais do que suas palavras. Pense nisso!

2. RELACIONAMENTO INTERPESSOAL

Vender, qualquer vendedor vende; cultivar um relacionamento duradouro, apenas os profissionais...

—Magno A. Sipaúba

Ao falar sobre relacionamento interpessoal nos treinamentos quero alertar para o perigo de entrar na "vala comum" entre cliente e vendedor. Sempre há atritos quando isso acontece. O vendedor só quer vender, ou empurrar o produto "goela abaixo"; já o cliente, se não encontra nada que possa agregar valor, passa a pedir descontos e mais descontos. E com razão.

Segundo o dicionário Aulete, "relacionamento" vem de "relacionar", que significa "fazer amizade". E "interpessoal" está ligado ao que se realiza entre duas ou mais pessoas.[6] Imagine atender um cliente que se torna seu amigo que depois você passa a ser amigo dos amigos dele e então

6. AULETE, Caldas. *Novíssimo Aulete:* dicionário contemporâneo de língua portuguesa [editor Paulo Geiger]. Rio de Janeiro: Lexikon, 2011.

amigo dos amigos dos amigos dele. Fantástico, não é? Isso significa ter relacionamento interpessoal.

Em um dos meus seminários, um participante deu um depoimento sobre construir um relacionamento duradouro com um cliente, que se tornou seu amigo. Então, esse novo amigo o convidou para fazer parte do grupo de futebol entre seus amigos mais próximos. Esse participante me contou que ele procurou fazer amizade com os amigos do novo amigo. Resultado? Naquele mesmo ano de amizade, ele fechou contratos de venda não apenas para o seu novo amigo, mas para os amigos do amigo.

COMO CONSTRUIR UM RELACIONAMENTO?

Vamos começar com o que não fazer. Tratar os clientes com desdém e impaciência já são bons motivos para afastá-los de você. Por exemplo, um cliente chega até a loja para comprar um carro com o propósito de viajar com toda a família. Então, ele começa a falar dos lugares nos quais irão passar o fim de ano e fica tão empolgado que começa a descrever nos mínimos detalhes como será a viagem, quantos lugares vão visitar, as praias que querem conhecer. Do outro lado da mesa está o vendedor, roendo a unha, balançando as pernas sem parar, com o contrato em uma mão e, na outra, uma arma, a caneta, esperando só o cliente calar a boca para fazê-lo assinar. Quando finalmente o cliente para de falar, o vendedor não perde a oportunidade e rapidamente diz: “Então, vamos ao que interessa! Assine aqui, senhor!”.

Dando a entender que não está nem um pouco interessado na conversa, o que o vendedor mais quer é faturar - e pouco importa essa tal viagem. Esse tipo de pensamento mesquinho permeia a mente de muitos vendedores, que conseguem ainda o improvável, perder a venda. Esses ainda comentam com o colega da mesa ao lado: "Olha lá... mais um cliente caroço!".

EMPATIA

Ver a partir dos olhos do cliente também está ligado à empatia. No exemplo anterior, falei do caso de um cliente que queria comprar um carro para realizar a viagem dos sonhos em família. Os profissionais de venda têm a capacidade de se mostrar verdadeiramente interessados pelo assunto do cliente, conseguem até entrar na história e ainda, se possível, dar dicas de viagem e conselhos. Possuem a capacidade de associar as vantagens do produto que estão vendendo às necessidades do cliente. Essa é uma habilidade para poucos.

Vendedores não conseguem gerar uma conversa ou relacionamento do qual possam extrair a chave para vender o seu produto. Eles falam... falam... falam e... não param de falar. É como se o produto fosse uma espécie de solução, "a cura para todos os males". Não é isso que os clientes desejam. Clientes têm necessidades específicas, e cabe a nós, profissionais de vendas, associar os benefícios do nosso produto às suas necessidades. E sem relacionamento, nada feito. O cliente não vai se sentir à vontade com pessoas que não se importam com aquilo que ele está falando. Ouça... ouça e por fim, ouça. Desenvolva a empatia. Quando o cliente estiver com a palavra, não a roube. Deixa-o falar, apenas ouça, preste atenção às suas expressões corporais, ao tom de sua voz e ao seu rosto.

No livro *Perguntas poderosas*[7], Andrew Sobel, autoridade nos relacionamentos com clientes e lealdade duradoura, e Jerold Panas falam dos três princípios para ser um bom ouvinte: A humildade me dá condições de aprender com as pessoas com as quais me relaciono. A curiosidade aconselha: "aborde cada situação com um intenso senso de curiosidade, e ouvirá mais". Por fim, a autoconsciência evita que eu seja preconceituoso e tendencioso.

Faça perguntas inteligentes, ou seja, que estejam relacionadas com o assunto em questão. Vendedores são mestres em cortar o cliente e mudar de assunto para finalizar logo a venda. Portanto, não seja um vendedor. E não use o celular no momento do atendimento. Houve uma ocasião em que o gerente de vendas estava em uma negociação e seu celular, colocado em cima da mesa, começou a vibrar. Ele desviou seu foco do cliente e olhou para o telefone. Esse gesto se repetiu por duas vezes até o cliente dizer: "Tem como tirar o seu celular da mesa?".

7. SOBEL, Andrew; PANAS, Jerold. *Perguntas poderosas:* construa relacionamentos, vença em novos negócios e influencie outros. Tradução de Savannah Hartmann. Rio de Janeiro: Qualitymark Editora, 2012.

DICAS DE RELACIONAMENTO

Quando o cliente estiver falando, não o interrompa, mesmo que ele esteja errado. Você não precisa concordar nem discordar, apenas diga "eu te entendo" e, em seguida, tranquila e pausadamente, faça suas considerações. E se ele te interromper? Ele pode. Afinal, como alguns dizem, "o cliente sempre tem razão". Nesse caso, eu concordo.

Se um cliente chegar com filhos, amigos ou parentes, por exemplo, pergunte o nome dos acompanhantes e passe a se referir a eles pelo nome. Cuidado com "Não, senhor! Sim, senhor! Oi, senhor?". O emprego desse substantivo como pronome de tratamento de maneira inadequada pode causar impacto negativo. Até o atendimento eletrônico da minha operadora de telefonia móvel mudou: "Bom dia! Eu já vi que esse celular é da X, que bom...". Formalidade em excesso pode atrapalhar. Cada caso é um caso.

Pense duas vezes ao falar do seu concorrente. Dependendo da situação, o cliente pode considerar essa menção antiética. Principalmente se ele já tiver usado ou comprado algum produto dessa marca e tiver gostado. Enalteça e discorra sobre os grandes benefícios do seu produto. Se for solicitado, faça comparações com sabedoria, pois o cliente pode estar avaliando o seu caráter sem você perceber. Vamos considerar que você tenha acabado de conhecer uma pessoa e, em poucos minutos de conversa, ela comece a falar mal de um amigo em comum, que você conhece há anos. O que você pensaria dessa pessoa?

Tenha também o hábito de ligar para o cliente. Seja para agradecê-lo por confiar no seu trabalho, seja apenas para manter um bom relacionamento. Se ligar no início da semana, por exemplo, diga algo como: "Bom dia, senhor Paulo! Quem está falando é o seu consultor João, tudo bem? Estou entrando em contato apenas para lhe desejar uma excelente semana, para o senhor e toda a sua família! Caso necessite de alguma coisa, conte comigo! Um abraço!". Relacionamentos não são construídos da noite para o dia, muito pelo contrário. Você planta as sementes e cuida para que o solo permaneça fértil. Os resultados logo, logo vêm.

Havia um restaurante de comida chinesa em Brasília que, se comparando com os concorrentes, não tinha a melhor localização nem a melhor estrutura física, mas a comida e o atendimento eram excelentes. Paulo, o garçom que costumava me atender, me chamava pelo nome, sabia como me servir e ainda tinha tempo para se relacionar comigo. Resultado: passei a levar minha família e amigos também. Isso se chama relacionamento.

3. SURPREENDER O CLIENTE

Na crise, não é o melhor produto, a melhor loja ou o melhor marketing que irá fazer a diferença, mas, sim, o melhor atendimento, ou a empresa que tiver a melhor capacidade de se relacionar com os seus clientes.

— Magno A. Sipaúba

Há muito ouvimos falar sobre qualificar o cliente, que significa fazer uma espécie de triagem para saber se o cliente tem potencial ou não para o nosso negócio. Esse tipo de abordagem pode fazer você perder grandes oportunidades, caso seja interpretado erroneamente.

Imagine que, depois de uma "qualificação", é constatado que um cliente não possui potencial financeiro para comprar determinados produtos. Se o atendimento for feito por um vendedor mediano, a conversa não vai durar mais que sessenta segundos porque esse vendedor entende que é perda de tempo se relacionar com esse cliente específico. Já o pensamento de um profissional de vendas é o oposto. Um profissional de vendas quer se relacionar com esse cliente porque entende que muitas portas poderão ser abertas e ele terá a chance de se relacionar com os parentes e amigos desse cliente e até com seus chefes, que, por sinal, são potenciais compradores dos seus produtos.

Tomemos como exemplo o caso de um porteiro que foi comprar um carro em uma concessionária em que o vendedor foi treinado para realizar com os clientes uma espécie de entrevista de qualificação, para identificar se o cliente tem ou não potencial de compra.

Imagine esse cliente entrando na concessionária com seu uniforme de trabalho e logo sendo avistado pelo vendedor "mediano". Sem demora, o vendedor se dirige ao cliente:

> [Vendedor] Fala, doutor, quê que o senhor manda?
>
> [Cliente] Rapaz, eu quero dar uma olhada no Uno Mille. Quanto custa?
>
> [Vendedor] Senhor, só tem com quatro portas e vermelho! E, para financiar, os bancos estão exigindo 30% de entrada e a prestação não pode comprometer mais que um terço do valor do seu contracheque. Quanto que o senhor ganha?

Nem preciso falar sobre o desfecho desse atendimento, não é?

Veja essa segunda hipótese. O mesmo cliente entra em outra concessionária e é atendido:

[Vendedor] Opa, boa tarde! Posso ajudar?
[Cliente] Quero dar uma olhada no Uno Mille. Quanto custa?
[Vendedor] 22.990,00 reais. Está na promoção! Vamos levar? Hoje nós estamos com uma taxa especial. Qual seria o valor de entrada?

Eu poderia citar dezenas de casos semelhantes a esses, nos quais o vendedor age sem pensar e acaba gerando antipatia no cliente. Agindo assim, o vendedor fala o que não deve. Acredito que até mesmo você que está lendo tenha sido vítima de atendimentos parecidos com esses. Mas passemos a uma terceira possibilidade.

[Vendedor] Olá, boa tarde. Meu nome é Fábio, sou consultor de vendas. Qual é o nome do senhor?
[Cliente] Maurício.
[Vendedor] Seja bem-vindo, senhor Maurício! O senhor aceita uma água, um café?
[Cliente] Sim, um café... Obrigado!

Já servindo o café, o vendedor pergunta:
[Vendedor] Senhor Maurício, como eu posso atendê-lo?
[cliente] Estou procurando o Uno Mille. Quanto custa?
[Vendedor] Muito bem! Excelente escolha, senhor Maurício, é para o senhor mesmo?
[Cliente] Sim!
[Vendedor] Muito bem. Posso te apresentar alguns dos diferenciais desse veículo?
[Cliente] Sim, por favor!

> [Vendedor] Quero começar destacando as grandes vantagens do Uno Mille, como, por exemplo, o padrão de segurança na parte frontal, conhecido como efeito sanfona, que evita que o capô entre pelo para-brisa numa colisão, causando o chamado "efeito navalha". O Uno Mille também possui conforto nos bancos, proporcionando comodidade ao dirigir, mesmo em longas distâncias! A suspensão é um grande diferencial! É muito resistente e de fácil manutenção, permitindo ao senhor dirigir tanto em perímetro urbano como rural. Então, senhor Maurício, o senhor considera todos esses benefícios que mencionei importantes para a aquisição do seu novo veículo?

Surpreender o cliente é transformar um produto comum em fora do comum, de ordinário para extraordinário, é trazer informações inteligentes que possam agregar valor ao produto de tal maneira que o preço passe a ficar em último plano, como no exemplo acima. Nesta terceira hipótese, um profissional de vendas tem o poder de baratear um produto caro pela sua capacidade de apresentar com sabedoria as qualidades e os benefícios intangíveis do produto que está sendo comercializado.

Os vendedores medíocres possuem o mesmo poder, mas com efeito inverso. Sua maneira de apresentar o produto faz com que os custos tenham maior relevância que os benefícios, não têm a habilidade de dar vida àquilo que está vendendo. Assim, o cliente não encontra motivo para comprar o produto a não ser pelo preço. Ou seja, se o vendedor não der descontos, o cliente também não leva.

Infelizmente, a crise bate à porta de empresas que vendem bons produtos, mas possuem péssimos vendedores. Algumas dispõem das melhores ferramentas, a melhor localização, um *showroom* de dar inveja, mas não dão a devida importância aos seus profissionais. É preciso criar cultura de treinamento e desenvolvimento de alto padrão, tratando os funcionários de maneira ética, honrando compromissos estabelecidos, respeitando e valorizando o trabalho de cada um. Sem isso, uma empresa terá muitas dificuldades para crescer e se manter em momentos de crise.

A EXTINÇÃO DO VENDEDOR E DAS EMPRESAS TRADICIONAIS

> *"A aprendizagem em equipe é vital, pois as equipes, e não os indivíduos, são a unidade de aprendizagem fundamental nas organizações modernas. Este é um ponto crucial: se as equipes não tiverem capacidade de aprender, a organização não terá."*
>
> — Peter M. Senge, *A quinta disciplina*

Certa vez, encontrei um amigo que havia comprado um carro recentemente cuja venda havia sido fechada pelo próprio dono da loja. Não por que não havia vendedores, mas porque os vendedores não quiseram atendê-lo. Ele contou que simplesmente andou pela loja, passou entre os carros do salão, viu os vendedores, mas não recebeu atendimento. "Talvez tenha sido pela roupa que eu estava vestido, ninguém se aproximou de mim!" Meu amigo estava de bermuda, com uma camiseta simples e calçando chinelos. "Um tempo depois, o dono da loja se aproximou, me cumprimentou e me deu um excelente atendimento", lembrou ele, que havia ido à loja para comprar um determinado carro e acabou levando outro, mais caro. "Mas saí de lá", disse ele, "extremamente satisfeito com o atendimento e o carro que comprei!"

Como vimos neste e em exemplos anteriores, o vendedor que deveria ajudar na venda, em muitos casos, acaba por atrapalhar. Faz perguntas que não deveria fazer, é preconceituoso, faz julgamentos desnecessários que, na maioria das vezes, não acrescentam em nada. Para Jeff Jarvis, eleito um dos cem maiores líderes de mídia do mundo pelo Fórum Econômico Mundial, o vendedor torna incômoda a tarefa de comprar um carro[8]. No livro *O que a Google faria?*, ele conta sobre uma pesquisa de 2007 do Instituto Gallup em que os norte-americanos classificaram os vendedores de concessionária como os piores, e "[...] apenas 5% disseram que as concessionárias eram muito honestas e éticas".

Certamente, as concessionárias brasileiras também não se preocupam muito com a educação continuada dos seus profissionais. Para muitas, bastam os "fantásticos" treina-

---

8. JARVIS, Jeff. *O que a Google faria?* — Como atender às novas exigências do mercado. Tradução de Cláudia Mello Belhassof. Barueri: Manole, 2010.

mentos on-line e presenciais que a montadora oferece, que, em sua grande maioria, são apenas sobre como apresentar os seus produtos, quando deveriam ser sobre como tornar os seus produtos mais desejáveis. Como diz Philip Kotler[9], "Evidentemente, quase sempre há uma solução para algo que conseguimos produzir, mas não sabemos como vender". Muitas empresas entendem educação continuada como custo e não como investimento. Às vezes, fico pensando se alguns administradores estão na Idade Moderna ou no período medieval.

Em *A Bíblia da inovação*, Philip Kotler e Fernando Trías de Bes falam sobre a obsolescência como algo "[...] que raramente pode ser evitado. O motivo é simples, o ambiente está mudando num ritmo que as rígidas estruturas corporativas nem sempre pode acompanhar[...]". Portanto, não fique admirado com a notícia do fechamento de milhares de empresas pelo país.

COMO SURPREENDER O CLIENTE?

Perguntas inteligentes

Estude seu produto e apresente-o a partir da perspectiva do seu cliente e não daquilo que você acha que é bom no produto. Exemplo: imagine que você entra em uma loja para comprar um sapato e o vendedor pede que você se sente,

9. KOTLER, Philip; BES, Fernando Trías. *A Bíblia da inovação*. Tradução de Carlos Szalk. São Paulo: Leya, 2011.

pergunta seu número e a cor do calçado e logo em seguida traz aquela pilha de modelos com a sua numeração, um mais bonito do que o outro. Enquanto você experimenta as opções, o vendedor dispara a falar de *design*, de aspecto, de beleza, do material do qual os sapatos são feitos. E se esquece de fazer uma pergunta básica: sobre as circunstâncias em que você usaria o sapato.

O sapato pode ser muito bonito, couro legítimo, solado de madeira, mas... e se ele não for adequado para o seu trabalho? Mesmo assim você o compraria? Imagine que você sobe e desce escadas diariamente, faz caminhadas durante sua rotina de trabalho, faz visitas externas a clientes. Portanto, antes você precisa de conforto, não de *design* ou glamour. Depois de atender a essa primeira necessidade, os outros benefícios servem para diferenciar o produto dos demais concorrentes e agregar valor no momento da venda.

Fazer perguntas inteligentes leva a obter as respostas que serão fundamentais para a venda do meu produto a partir da percepção do meu cliente. Se é ele quem vai comprar, então é a sua percepção que predomina, e não a minha.

Gastando cartucho de graça

Não se deve desperdiçar o conhecimento do produto em abordagens desordenadas e sem controle, muito pelo contrário. Esse conhecimento deve ser usado para surpreender o cliente no momento certo, com informações novas e pontos chave para a tomada da decisão final sobre a compra do produto.

Papagaio do Google

Antes de ir à loja, é provável que o cliente já tenha feito uma pesquisa na internet sobre as características e os benefícios do produto que quer adquirir, sobre prós e contras e até mesmo sobre o preço médio que está sendo praticado. E mais: sobre a cotação da empresa em portais de apoio ao consumidor e sobre as reclamações mais comuns. Falaremos sobre a questão das reclamações em outro momento.

Vamos tratar das pesquisas do cliente em relação ao produto. Se você é um vendedor que só repete as informações que estão no Google, então você é um vendedor papagaio, aquele que só repete aquilo que está na internet e não acrescenta nada, não inova na maneira de falar e não desenvolve a capacidade de enriquecer uma informação. O cliente que já pesquisou no Google vai perceber que esse tipo de vendedor só está repetindo dados, o que pode acarretar em uma baixa avaliação e, pior, a não conclusão da venda.

DICAS PARA SURPREENDER SEU CLIENTE

Sempre pergunte se você pode servir uma água. Esse gesto de cortesia pode ser registrado como um ato de atenção. Caso a sua loja tenha água e café, atente para não oferecer apenas uma opção. Exemplo: "O senhor aceita uma água **ou** um café?". E se o cliente quiser os dois? O certo é: "O senhor aceita uma água **e** um café?".

Algumas empresas do varejo têm feito até mais, como é o caso de uma rede de óticas. Com mais de mil lojas espalhadas em todos os estados brasileiros, é a maior rede de varejo óptico nacional[10] e oferece para seus clientes, além de água e café, um delicioso cappuccino. Meu filho Caio, de sete anos, sabe muito bem o que pedir: "Eu quero um cappuccino, tio!". E não para por aí — os apreciadores de uísque que o digam. Esses "mimos" somados a um atendimento exemplar transmitem a imagem de uma empresa totalmente centrada no cliente e podem fazer uma grande diferença na hora de escolher uma loja para comprar óculos. Em uma loja de atendimento comum, o cliente ouviria: "Posso ajudar?". Nas Óticas Diniz, o cliente ouve: "Olá, tudo bem? Como eu posso atendê-lo? Antes, posso servir um cappuccino... um dose de uísque... água... ou você prefere um café com pão de mel?".

Desenvolva o hábito de, **após a compra**, perguntar se o cliente gostou do seu atendimento. Assim você mostra que a opinião dele é muito importante. Não entregue seu cartão de visitas e diga simplesmente "muito obrigado" ou "volte sempre". Caso a sua avaliação não tenha sido ótima, pergunte ao cliente o que faltou ou o que precisa ser melhorado para que você ou sua empresa ganhem a nota máxima.

Algumas empresas e vendedores ainda não entenderam que a reclamação dos clientes oferece uma oportunidade de melhorarmos o nosso atendimento para que eles voltem a

---

10. http://www.oticasdiniz.com.br/empresa. Acesso em: 2 de novembro de 2015, revisado em 26 de agosto de 2019.

comprar. Mesmo que existam clientes que não reclamam do atendimento prestado e também nunca mais voltem.

Houve uma ocasião em que minha esposa e eu fomos jantar em um restaurante de comida japonesa e, ao vermos o cardápio com as fotos dos sushis, ficamos com água na boca - embora eu soubesse que as fotos eram meramente ilustrativas. Quando nossos pedidos chegaram, percebemos que a comida mais parecia réplicas em miniatura das imagens do cardápio. E, para falar a verdade, réplicas muito malfeitas. Não havia padrão de tamanho para os sushis, alguns eram pequenos, outros, muito pequenos, e outros, pequeniníssimos. E o valor para cada uma dessas peças eram exatamente o mesmo. Dá para entender?

Por fim, nenhum garçom veio à mesa para perguntar como estava a comida. Nós também resolvemos não falar e não voltar mais lá. Portanto, **não tenha medo de fazer perguntas aos seus clientes**, seja a resposta negativa ou positiva. Talvez um dos maiores segredos de um negócio de sucesso esteja em adaptar suas estratégias a partir das interações diárias com seus clientes.

Não anote a data de aniversário do seu cliente simplesmente porque o sistema da loja está pedindo. Use a informação para ligar para ele. Quando era profissional da indústria farmacêutica, eu tinha de cadastrar no meu *pocket* a data de aniversário dos médicos que estava visitando. Certo dia, quando fiz a pergunta sobre o aniversário em uma visita, o médico me respondeu: "Vocês sempre pedem a data do meu aniversário, mas nunca fazem nada". De fato, eu não tinha condições de dar presentes a todos os quatrocentos médicos do meu cadastro, mas uma ligação ou uma mensagem de feliz aniversário fazia uma grande diferença para mim. Às vezes, “menos é mais”.

4. NEGOCIAÇÃO

Talvez o nosso maior diferencial não esteja nos gestos mais extravagantes dessa vida, e sim nas atitudes mais simples que possam existir.

— Magno A. Sipaúba

OS QUATRO C'S DA NEGOCIAÇÃO

> *Negociar é desenvolver qualquer comunicação interpessoal em mão dupla, na tentativa de chegar a um acordo entre as partes.*
>
> — William Ury

Estamos constantemente em negociação. Negociamos com o filho que quer assistir à TV em vez de fazer o dever de casa. Negociamos com o chefe que reconhece nosso ótimo trabalho, mas não dá abertura para uma conversa sobre aumento de salário. Negociamos com um cliente difícil que pede grandes descontos e prejudica nossa margem de lucro e a comissão no final do mês. Em todas as áreas da vida existe a possibilidade de negociar. Se as negociações não respeitarem o processo de "ganha ganha", pode haver problemas e intermináveis dores de cabeça.

Para ajudar você a estudar essa questão, este capítulo foi divido em duas partes. A primeira trata das habilidades emocionais, de como reconhecê-las em você e nos outros. Por que são tão importantes a ponto de justificar o sucesso ou o fracasso de uma negociação?

Na segunda parte estão as habilidades técnicas. Falar com propriedade, com segurança e transmitir credibilidade para quem está do outro lado da mesa é fundamental. Caso contrário, você terá de negociar a partir do senso comum: "Seu eu der um desconto para você , podemos fechar?". Em muitas situações, o cliente quer apenas ter a certeza de que está fazendo um ótimo negócio. E isso não significa sacrificar a sua margem de lucro. É justamente o oposto: o cliente sabe que está pagando um pouco mais pelo produto porque a sua negociação justificou esse "um pouco mais". Por fim, é essencial conhecer seus principais concorrentes. Imagine um vendedor falando dos benefícios e das características de um carro ser interrompido pelo cliente querendo saber dos modelos de outra montadora. Nos treinamentos para o setor de automóveis para os quais prestei consultoria, identifiquei que os vendedores que tinham a habilidade de se sair bem de uma situação em que o cliente faz um questionamento imprevisto correspondiam à minoria. Na verdade, nesses casos é necessário interpretar o próprio cliente. Portanto, a última parte deste capítulo explica a importância de conhecer a concorrência, de contornar "saias-justas" e realizar um ótimo negócio, para que todas as partes se sintam satisfeitas e possam voltar a negociar no futuro.

Ignorar alguma dessas quatro áreas é o mesmo que dirigir com um pneu furado. O carro pode até sair do lugar, mas não se sabe se vai chegar ao destino desejado.

> *Negociadores eficazes nunca ficam satisfeitos com nada: desempenho, resultados, processo. Não quer dizer que estejam infelizes ou que não tenham sucesso. Eles apenas tentam constantemente descobrir se são capazes de conseguir mais.*
>
> — Stuart Diamond

CONHECENDO A SI MESMO

Conheça-te a ti mesmo.

— Oráculo de Delfos[11]

Lilian é vendedora e participou de um dos meus seminários. Ela me contou que, certa vez, estava diante de uma negociação com um casal e se deu conta que a negociação estava ficando muito complicada, de que não estavam progredindo. "Foi nesse momento que eu tive um 'estalo' e me levantei da mesa dizendo que iria buscar água para eles." Antes, porém, Lilian se dirigiu ao banheiro e, contemplando sua imagem no espelho, se fez a seguinte pergunta: "O que está acontecendo com essa negociação?". Foi então que ela percebeu que sua atenção estava mais no marido do que na esposa.

Ela resolveu mudar de estratégia, e começou a também envolver a esposa na negociação. A partir daí, tudo mudou. "Começou a fluir simplesmente porque eu direcionei minha atenção para ela, conversamos um pouco mais e finalmente fechamos um ótimo negócio!"

No fantástico livro *Consiga o que você quer*, o professor Stuart Diamond traz algumas dicas para o momento da negociação e uma delas é "prepare-se, mesmo que seja por cinco segundos. Organize seus pensamentos". Essa foi uma

11. https://pt.wikipedia.org/wiki/Or%C3%A1culo_de_Delfos. Acesso em: set.2019

das estratégias adotadas por Lilian, que foi ao banheiro com o intuito de organizar os pensamentos e preparar-se para uma melhor abordagem em sua negociação.

Vendedores medianos tem o hábito de falar sem pensar e acabam dizendo coisas que os clientes não gostam. Já os profissionais de vendas têm o hábito de escolher bem o que falar, têm a consciência que suas palavras tanto podem animar ou desanimar uma negociação. Portanto, eles escolhem animar. Esse é o poder da consciência.

O PODER DA CONSCIÊNCIA

Citado por William Ury em *Como chegar ao sim com você mesmo*, Benjamin Franklin fala sobre as três coisas extremamente duras: "o aço, o diamante e conhecer a si mesmo". Em outras palavras, ele fala sobre observar todas as pessoas, principalmente a si mesmo.[12] E é necessário ter consciência do momento presente para alcançar esse nível de observação.

Imagine se Lilian, a vendedora do exemplo anterior, não tivesse percebido que a negociação não estava avançando e não tivesse adotado a estratégia de sair da mesa e organizar seus pensamentos? Talvez ela não tivesse tido o êxito de fechar o negócio. Portanto, estar consciente do momento presente não significa prestar atenção apenas no que a outra pessoa está

12. URY, William. *Como chegar ao sim com você mesmo*: o primeiro passo em qualquer negociação. Tradução de Afonso Celso da cunha. Rio de Janeiro: Sextante, 2015.

falando, mas ter ciência das próprias palavras e se certificar de estar causando impacto positivo. Para desenvolver essa habilidade emocional é preciso ter disciplina, dedicação e esforço consciente, para não agir sempre no modo "automático". Correr o risco de falar sem pensar em uma negociação pode ser fatal e irreversível.

Para desenvolver a capacidade de prestar a atenção em si mesmo, cientistas têm dado dicas simples, porém valiosas sobre como melhorar a consciência do presente. Reservar alguns minutos do dia para exercitar a respiração controlada, através do diafragma, é uma delas. Eis um exemplo: sente-se com a postura ereta e com as mãos abertas sobre as pernas. Respire profundamente através do diafragma e solte o ar bem devagar. Nesse momento, preste atenção em suas mãos, sinta seus pés tocando o chão. Deixe os ombros relaxarem e continue respirando e soltando o ar bem devagar. Preste atenção no ar entrando pelas narinas e saindo pela boca. Repita esse processo por cinco minutos, uma vez ao dia. Depois, aumente para duas vezes. Em pouco tempo, você estará mais calmo em relação às suas emoções e também mais consciente das coisas que estão acontecendo ao seu redor. É fantástico.

O almoço também é um dos momentos mais sagrados e mágicos. É uma oportunidade maravilhosa para estar consciente do cheiro da comida, das cores dos legumes e dos vegetais, do sabor de cada um dos alimentos que estão no prato, e prestar atenção na mastigação. Essa dica proporciona uma experiência sem igual para quem deseja sair do automático. Não permita que roubem esse momento mágico de você. Sei que no mundo corporativo as coisas precisam ser "pra ontem", mas deixar que esse senso de urgência atrapalhe o seu horário de almoço pode ser uma decisão não muito inteligente. Certa vez, fui ao departamento pessoal para fazer uma solicitação de "extrema urgência" no horário de almoço. Por lá havia alguns funcionários, mas as luzes estavam apagadas, indicando que eles não estavam disponíveis naquele momento. Mesmo assim, entrei como um furacão pela porta e fiz um pedido transmitindo um senso de urgência. Um dos funcionários me respondeu: "Amigo, estamos no horário de almoço. Tudo bem?". Saí de lá revoltado, mas, depois que me acalmei, pensei *imagina se eles atendessem a todos os funcionários que chegassem no horário de almoço como eu cheguei, justificando que o pedido era urgente? Será que eles teriam horário de almoço?*

Daniel Goleman, psicólogo de Harvard e uma das maiores autoridades da Inteligência Emocional, define a autoconsciência como o primeiro componente da Inteligência Emocional. No livro *Liderança: a inteligência emocional na formação de um líder de sucesso*[13], ele convalida o termo como uma "compreensão profunda das próprias emoções, forças, fraquezas, necessidades e impulsos, [...]a capacidade de ser honesto consigo e com os outros". Além de conseguir trabalhar com clientes exigentes, pessoas com inteligência

---

13. GOLEMAN, Daniel. *Liderança:* a inteligência emocional na formação de um líder de sucesso. Tradução de Ivo Korytowski. — 1. Ed. — Rio de Janeiro: Objetiva, 2015.

emocional desenvolvida possuem a compreensão dos seus próprios valores e metas.

Desse modo, você não precisa ir a um centro de meditação para desenvolver essa habilidade e colher os benefícios da autoconsciência, pelo contrário. Você pode desenvolver suas habilidades emocionais para conquistar resultados surpreendentes até mesmo durante o horário de almoço ou sentado em uma cadeira confortável, sem interrupções, trabalhando a respiração profunda em sua própria rotina diária. Pense nisso.

EQUILÍBRIO EMOCIONAL

Talvez você já tenha presenciado uma cena de descontrole emocional de um cliente. Alguns parecem querer dar um show, estejam eles com a razão ou não. Essas cenas desagradáveis podem acontecer com você ou em sua loja. Que desdobramento ruim pode haver? O vendedor entrar na dança do cliente e se exaltar também.

Soube de um caso em que o cliente entrou na loja, extremamente alterado, e começou a gritar e insultar o vendedor que o havia atendido. Outro vendedor viu a cena, se aproximou, tomou as dores do colega e revidou no mesmo nível. O ápice foi a agressão física entre vendedor e cliente, que trocaram empurrões e socos, causando um grande alvoroço. Nenhum cliente tem o direito de agir dessa maneira. E o vendedor? Jamais deveria ter perdido a compostura.

Excelentes negociadores são capazes de controlar seus impulsos, de analisar rapidamente uma situação, de saber como agir em momentos de tensão e ainda de abrandar os nervos não apenas de clientes fáceis, mas dos complicados também. William Ury diz que nem sempre temos condições de determinar as circunstâncias, mas sempre somos capazes de escolher como reagir a elas.

Ury relata uma negociação política em que o presidente de um país gritou com ele durante quase trinta minutos, acusando-o de não perceber os truques da oposição. O que contribuiu para que mantivesse o equilíbrio, diz ele, foi ficar atento às próprias reações internas e identificar o que se passava com os seus pensamentos, sensações e emoções. "Sinto o maxilar contraído. Estou detectando algumas expressões de medo. Minhas bochechas estão em chamas! Será que estou constrangido?"[14] Essa estratégia o ajudou a controlar os efeitos emocionais daqueles gritos.

INTELIGÊNCIA EMOCIONAL

Inteligência Emocional significa compreender suas emoções e a dos outros, bem como a capacidade de poder modulá-las para o seu bem-estar e do ambiente no qual você está inserido; considerando que outras pessoas também podem

14. URY, William. *Como chegar ao sim com você mesmo:* o primeiro passso de qualquer negociação, conflito ou conversa difícil. Tradução de Afonso Celso da Cunha. Rio de Janeiro: Sextante, 2015.

absorver esses benefícios através de você. Assim, uma pessoa com essa habilidade tem o poder de identificar não apenas emoções, mas compreendê-las em si mesmo e nos outros. Essa vantagem tem o seu preço.

Se você deseja cultivar a Inteligência Emocional, prepare-se para enfrentar situações acaloradas, pois são nesses momentos que suas habilidades serão testadas. Navegar em momentos de calmaria qualquer um navega. Manter o barco na direção certa em dias de tempestade é tarefa apenas para os grandes marinheiros. Para o vendedor do exemplo anterior, a tempestade mudou o rumo do seu barco para uma situação ainda pior: socos e empurrões.

Vale ressaltar que a Inteligência Emocional precisa ser desenvolvida e não acontece da noite para o dia. A dica é enquadrar sua atenção, até mesmo nos menores eventos emocionais, buscando manter o controle e avaliando o que está se passando com você e com as pessoas envolvidas naquele instante. Crie o hábito de exercitar a Inteligência Emocional nos pequenos eventos, busque compreender o que está se passando com você, avaliando o que está sentindo, o que está pensando e como está sua respiração. Em outras palavras, olhe para dentro de você.

Em meus workshops de negociação, costumo destacar que, quando deseja comprar um produto, às vezes, o cliente pensa se vai ter o dinheiro para pagar a fatura, caso a compra seja parcelada. Ele também pensa se realmente essa é a melhor decisão, fica preocupado se vai se arrepender depois ou se talvez fosse melhor dar mais uma olhada em algumas outras opções. Do outro lado, está o vendedor, também preocupado se vai vender, se vai bater a meta, se o cliente não vai desistir.

Nesse cenário, uma carga emocional negativa é inconscientemente disparada por cliente e vendedor e gera estresse e tensão em ambos os lados, esquentando ainda mais o clima da negociação. A partir daí, cada um quer defender seu ponto de vista. "O meu produto é o melhor." "Mas eu já usei a outra marca e gostei também, e custa menos que a sua proposta!" "Mas o meu concorrente não tem qualidade." Mas... mas... mas... mas. No final, os dois acabam em lugares distintos. O cliente no concorrente, e o vendedor no balcão do seguro desemprego.

Certa vez, um supervisor amigo meu me contou um caso de um vendedor que não concluiu a venda, mas estava se gabando porque havia desbancado um cliente muito esperto em relação ao seu produto. Meu amigo perguntou ao tal vendedor: "Você está aqui para alimentar o seu ego ou para vender o seu produto?". Às vezes, é preciso ter a prudência de recuar com sabedoria para não perder a chance de avançar com maestria. O vasto conhecimento do vendedor só serviu para elevar a sua soberba e diminuir a sua Inteligência Emocional. Essa falta de habilidade o custou não apenas a venda, como também a chance de conhecer o seu cliente e construir um relacionamento duradouro.

COMO AVALIAR SUA INTELIGÊNCIA EMOCIONAL

- Você costuma estar consciente de seus sentimentos e de por que se sente assim?

- Você está consciente de suas limitações, bem como de suas forças pessoais, como um líder?
- Você consegue lidar bem com suas emoções negativas — por exemplo, recuperar-se rapidamente quando fica contrariado ou tenso?
- Você consegue se adaptar facilmente a mudança?
- Você mantém o foco em seus objetivos principais e conhece os passos necessários para chegar lá?
- Você normalmente consegue perceber os sentimentos das pessoas com quem interage e entende suas maneiras de ver as coisas?
- Você possui um dom para a persuasão e para usar a sua influência com eficácia?
- Você consegue conduzir uma negociação a um acordo satisfatório e ajudar a diminuir conflitos?
- Você trabalha melhor em equipe ou sozinho?

Quadro de perguntas extraído do livro *Liderança*: a inteligência emocional na formação de um líder de sucesso, de Daniel Goleman[15].

> *Nossas aptidões emocionais não são um fato determinado, com o aprendizado certo, podem ser aperfeiçoadas.*
>
> — Daniel Goleman

---

15. GOLEMAN, Daniel. *Liderança:* a inteligência emocional na formação de um líder de sucesso. Tradução de Ivo Korytowski. — 1. Ed. — Rio de Janeiro: Objetiva, 2015.

CONHECIMENTO DO CLIENTE

Quanto mais você conhece a outra pessoa em um relacionamento, maiores serão suas chances de ser persuasivo. Conhecer os outros ajuda a descobrir melhor como satisfazer as necessidades deles.

— Stuart Diamond

Conhecer o cliente nada mais é do que conhecer a pessoa com quem se está conversando. Como em um relacionamento, o cliente precisa se sentir à vontade e perceber que o ambiente e o profissional de vendas com o qual está interagindo proporcionam esse clima agradável. Se o cliente não se sentir totalmente à vontade com o profissional nem com o ambiente, as possibilidades de entender o que se passa na mente dele diminuirão e, consequentemente, as chances de chegar a um acordo comercial que seja vantajoso para o profissional e para a empresa, também.

William Ury vai mais longe quando diz que "negociamos não só para chegar a um acordo, mas também para conseguir o que queremos".[16] Só assim o profissional de vendas vai além de uma venda comum e fecha contratos com alta margem de lucro para ganhar uma excelente comissão e ainda satisfazer o cliente.

16. URY, William. *Como chegar ao sim com você mesmo:* o primeiro passso de qualquer negociação, conflito ou conversa difícil. Tradução de Afonso Celso da Cunha. Rio de Janeiro: Sextante, 2015.

AS SETE DICAS PARA CONHECER MELHOR O SEU CLIENTE

Personalize

Mesmo que haja semelhanças, nenhum cliente é igual ao outro, embora vendedores medíocres insistam em atender todos da mesma maneira. Exemplo: "Bom dia, doutor, posso ajudar?". Não é porque o cliente está de terno e gravata que ele é um doutor. E, caso seja, será que ele gostaria de ser chamado pelo título? Portanto, seja neutro nos momentos iniciais da abordagem e sempre faça perguntas.

Prudência

O ser humano tem uma forte tendência em julgar pela aparência e cair no estereótipo, provocando constrangimentos desnecessários.

> [Vendedor] É a sua filha?
> [Cliente] Não, é a minha esposa.
> [Vendedor] Está de quantos meses? É menina ou menino?
> [Cliente] Eu não estou grávida!

Dizem que, na dúvida, é melhor perguntar, mas, nesses casos, faça perguntas inteligentes.

Compreensão

Cuidado ao tentar persuadir o cliente a entrar no seu mundo. Na verdade, o mais interessante seria entrar no mundo dele. A partir daí, você entenderá o que o motivou a comprar o seu produto, o que, em muitos casos, não é necessidade e, sim, desejo. Logo, a estratégia não é mais racional, mas emocional. Stuart Diamond fala dos "estilos relativos dos indivíduos" como uma ferramenta fundamental para conduzir uma negociação[17] e "quanto mais você olha as coisas a partir do ponto de vista dos outros, mais eles percebem que você se importa com eles".

Imparcialidade

Trate todos com respeito e educação, independentemente de raça, cor, credo, sexo, *status* ou posição social. Da mesma maneira que uma pessoa de classe baixa percebe que você não está dando à mínima para ela simplesmente por causa de sua posição social, uma pessoa da classe alta pode perceber que você só está sendo cortês e educado pelo fato de você saber quem ela é.

Carisma

Quem não gosta de conversar com uma pessoa entusiasmada e que desperta admiração, que parece possuir um dom divino? Esses adjetivos definem carisma. Uma pessoa carismática, dizem alguns especialistas, tem a capacidade de gerar credibilidade, confiança e, por fim, negócios.

Ponderação

Qualidade de quem tem a capacidade de observar por

---

17. DIAMOND, Stuart. *Consiga o que você quer:* as 12 estratégias que vão fazer de você um negociador competente em qualquer situação. Tradução de Ivo Korytowski Rio de Janeiro: Sextante, 2012.

todos os ângulos e de avaliar antes de decidir ou até mesmo de falar. Por isso é necessário falar menos e ouvir mais, fazendo perguntas, segundo Andrew Sobel, "poderosas".[18]

Transparência

Significa que você é uma pessoa convincente nas informações que está transmitindo. Se surgir alguma dúvida sobre essas informações, um sinal de alerta será enviado para o sistema racional do cliente, que mobilizará toda a sua percepção para não acreditar em nada daquilo que você está falando. Às vezes, objeções não são objeções, mas, sim, ambiguidade nas informações. Transparência e ética andam juntas. Afinal, como é possível ser ético sem ser transparente?

Conhecer o cliente pode ser a chave para vender com lucros sem comprometer a qualidade da negociação. Alcançar esse objetivo não é fácil, talvez por isso apenas os profissionais de vendas consigam. Esses profissionais percebem se o cliente está nervoso, aflito, receoso, se dá sinais positivos, de interesse, e, a partir desses sinais, conseguem saber se podem avançar ou não na negociação.

Um amigo me contou sobre um vendedor da indústria farmacêutica que precisava voltar a negociar produtos em uma grande rede de farmácias cujo comprador era o pró-

---

18. SOBEL, Andrew; PANAS, Jerold. *Perguntas poderosas:* construa relacionamentos, vença em novos negócios e influencie outros. Tradução de Savannah Hartmann. Rio de Janeiro: Qualitymark Editora, 2012.

prio dono, uma pessoa difícil de lidar. O vendedor sabia que poderiam haver obstáculos. Outros vendedores que passaram por lá não tiveram resultados satisfatórios, e relatavam que "o cara é complicado demais". No entanto, esse vendedor agiu diferente.

No dia marcado para visitar o "cara complicado", ele escolheu outra estratégia. Ao entrar no escritório, percebeu um quadro com a foto de um gado nelore exposto na parede, depois de cumprimentar o dono da rede, que foi extremamente frio, o vendedor não se deixou abalar e e fez uma pergunta antes de iniciar a apresentação da sua proposta. A pergunta não foi sobre o que o cliente achava dos seus produtos ou a respeito de sua empresa, mas sobre o quadro que estava na parede. E ainda teceu elogios ao gado da foto. Nesta conversa, o vendedor soube que o dono da rede de farmácias também era fazendeiro, que aquele gado nelore era o animal que já havia ganhado vários prêmios em competições e que ele sentia muito orgulho daquele bicho. O vendedor não conhecia muito sobre gado, então, apenas fazia perguntas e ouvia as respostas. O resultado? Ele conseguiu introduzir novamente os seus produtos naquela rede, e ainda ganhou um amigo.

A partir daquela visita, o vendedor passou a não precisar mais agendar com a secretária para negociar os seus produtos. Bastava uma ligação para o celular do seu novo amigo. É comum as pessoas terem um objeto de orgulho. Quando você descobre qual é, as "portas da esperança se abrem" e passamos a ser aceitos no mundo dos nossos clientes. Muitas coisas que não compreendíamos começam a fazer sentido.

A aflição de querer apresentar ou vender um produto antes de conhecer sobre o seu comprador pode gerar um custo muito alto. Essa ansiedade pode ser prejudicial tanto nas negociações do presente como nas futuras, limitando as oportunidades de vendas.

CONHECIMENTO DO PRODUTO

Muitos vendedores se preocupam tanto com o que é o produto, que se esquecem de dizer para o que ele serve.[19]

— Percy H. Whiting, no livro *Alta performance em vendas*

Pense em um vendedor que responde sobre os benefícios do seu produto dizendo: "Olha, esse produto é muito bom, ele é bom... Os clientes têm gostado muito... Muito bom mesmo... e aí, vamos levar?"

Como você avaliaria esse vendedor? Talvez ele seja simpático e seja bom em recepcionar, mas nunca se esqueça de que para se tornar um profissional de vendas é necessário entender que não é "só de simpatia que vive o vendedor". E muitas empresas têm negligenciado esse pilar da habili-

19. DALE Carnegie & Associates, Inc; CROM, J. Oliver; CROM, Michael. *Alta performance em vendas*: como fazer amigos e influenciar clientes para aumentar suas vendas. Tradução de Orlando Bandeira. 8ª ed. Rio de Janeiro: Best-Seller, 2011.

dade técnica, um princípio elementar para a vida saudável no mundo dos negócios e para a conquista de resultados melhores.

Algumas empresas contratam novos funcionários e literalmente os arremessam no "fronte da batalha", sem nenhum preparado, sem treinamento em vendas, pelo menos para aprender sobre os produtos e saber como apresentá-los aos consumidores e quais estratégias utilizar para conquistar o cliente. A confiança em apresentar determinado produto pode ser a chave para ganhar novos clientes. Com vendedores inseguros, dificilmente uma empresa consegue gerar credibilidade e melhores resultados.

COMO AUMENTAR O NÍVEL DE HABILIDADE TÉCNICA DE SUA EMPRESA?

PRIMEIRO. Certifique-se de que os seus funcionários mais antigos tenham o domínio dos produtos que estão vendendo. Faça testes de habilidades técnicas com as equipes semanalmente ou uma vez por mês. A periodicidade pode variar de acordo com a quantidade de funcionários que a empresa possui e de produtos em seu portfólio.

Caso sua empresa tenha em torno de trinta produtos diferentes, por exemplo, você pode realizar um teste de quinze perguntas sobre os dez produtos principais uma vez por semana, e assim sucessivamente. Atribua uma nota mínima para aquele teste, como uma média 7. E, de acordo com o grau de dificuldade, atribua um tempo para o término de cada teste, algo como trinta minutos para quinze perguntas.

As perguntas de cada teste devem ser mais subjetivas do que objetivas para avaliar o nível de conhecimento de cada colaborador. Tenha cuidado em corrigir com severidade quem porventura não atinja a média. Existem funcionários que não gostam de estudar e aprender, mas também existem aqueles que possuem dificuldades de aprendizado. Para esses, é necessária a atuação de um funcionário mais experiente e hábil na arte de ensinar para falar sobre habilidades técnicas. O caso daqueles que não gostam de aprender e estudar deve ser analisado com muita atenção. A explicação para o baixo rendimento e os resultados ruins de sua empresa pode estar bem na sua frente. Diante disso, as decisões não podem ser mais ser tomadas com a emoção e, sim, com a razão.

Muitas empresas não têm dado a devida atenção ao processo de qualificação de seus funcionários, e logo perderão espaço e poder competitivo. Noel M. Tichy e Eli Cohen, autores de livros que falam sobre organizações e vendas, falam que líderes que se dedicam ao desenvolvimento de outros líderes, em todos os níveis de uma empresa, comandam uma organização vencedora. No clássico da administração, *O motor da liderança*[20], seus autores pesquisaram grandes empresas, como a P&G, HP, Intel e General

20. TICHY, Noel; COHEN, Eli. *O motor da liderança*: como as empresas vencedoras formam líderes em cada nível da organização. São Paulo: Educator, 1999.

Electric e descobriram que elas possuem em suas bases a capacidade de treinar, ensinar e desenvolver pessoas em todos os níveis hierárquicos. Na General Electric, por exemplo, Jack Welch começava a "tirar o poder daqueles que não respeitavam a determinação", dos líderes que ignoravam sua mensagem para desenvolver outras pessoas. Já na Intel, Andy Grove utilizava como critério de bonificação dos gerentes o desenvolvimento de pessoas. Quando há, nos quadros, funcionários que não possuem o hábito de estudar e se aprimorar em sua respectiva área, é possível que bons colaboradores, infelizmente, acabem sendo dispensados, trocados por funcionários excelentes, que continuam se desenvolvendo e aprendendo continuamente.

> *A aprendizagem em equipe é vital, pois as equipes, e não os indivíduos, são a unidade de aprendizagem fundamental nas organizações modernas. Este é um ponto crucial! Se as equipes não tiverem capacidade de aprender, a organização não terá.*
>
> — Peter M. Senge

SEGUNDO. O desenvolvimento e o aprendizado não podem ser sazonais, no estilo "as vendas aumentaram, não precisamos de treinamentos; as vendas caíram, vamos oferecer treinamentos". O processo de desenvolvimento faz parte da cultura de uma empresa para se diferenciar no uso estratégias comerciais e perenizar os lucros.

A teoria da insanidade, atribuída a Albert Einstein, diz que "Insanidade é continuar fazendo as mesmas coisas e esperar resultados diferentes". Arie de Geus, chefe do grupo de planejamento estratégico da Shell Oil Company de 1951 a 1989[21], relata que "a habilidade de aprender mais rápido do que os concorrentes pode ser a única vantagem competitiva constante". A avaliação de um gerente atento às dificuldades e aos progressos do funcionário é muito importante para decidir se esse funcionário fica onde está, é transferido ou é desligado da empresa. Para Clayton M. Christensen, professor de administração de empresas da Harvard Business School, a opção de treinar "o funcionário tornando-o apto a ser bem-sucedido" é uma das ações que funcionam muito bem, "porque os indivíduos podem tornar-se hábeis em múltiplas tarefas".

No livro *O dilema da inovação*, listado entre os seis livros de negócios mais importantes dos últimos cinquenta anos,[22] Christensen diz que "[...] a marca de qualidade de um grande gerente é a capacidade de identificar a pessoa certa para o trabalho certo", bem como "treinar seus funcionários para capacitá-los a serem bem-sucedidos nos trabalhos que lhe são confiados". Se feito por gerentes medianos, esse trabalho talvez não tenha êxito, o que justifica as demissões de funcionários. É mais fácil demitir um funcionário do que treiná-lo, salvo quando gerentes acima da média estão

---

21. https://en.wikipedia.org/wiki/Arie_de_Geus. Acesso em: 2 de setembro de 2019.

22. CHRISTENSEN, Clayton M. *O dilema da inovação:* quando as novas tecnologias levam empresas ao fracasso. Tradução de Laura Prates Veiga. São Paulo: M.Books do Brasil, 2012.

no comando. A Eurofarma Laboratórios, empresa do setor farmacêutico da qual já fui colaborador, possui métodos de treinamentos presenciais, realizados mensalmente e durante um dia inteiro. As equipes de determinadas regiões do Brasil se reúnem em um hotel e permanecem até o fim da tarde, com o intuito de conhecer e aprimorar as novas estratégias para o ciclo de trabalho do mês seguinte. Há também provas on-line sobre os produtos do portfólio. Essas provas são aplicadas através de uma plataforma *e-learning* e cada funcionário tem dez minutos para responder as dez questões. Se o colaborador ultrapassar o tempo estipulado para a resposta, o site automaticamente sai do ar. Contudo, o nosso maior receio não era o tempo ultrapassado, e sim, a nota abaixo do 9 definido pelo gerente como nota mínima.

Quando você é contratado por uma empresa como a Eurofarma, talvez a pressão interna e a tensão nos primeiros meses sejam normais. No entanto, depois da adaptação, a prática da excelência começa a fazer parte da rotina, com naturalidade e baixos níveis de estresse. O desempenho da equipe da qual fiz parte era tão elevado, que as pessoas ao nosso redor, e até mesmo nossos concorrentes, admiravam o conhecimento técnico que possuíamos, que era um fator preponderante, inclusive, para nos posicionar em resultados acima dos principais *players*. Mas, para a nossa equipe, esse padrão era normal, a adoção da excelência fazia parte da nossa rotina.

TERCEIRO. Treinamento e desenvolvimento servem para transmitir padrões de excelência ao cliente, e não para engessar o atendimento. Como consultor, presenciei casos de empresas formatando o processo de atendimento ao cliente com mensagens prontas, sem persuasão e entusiasmo. Impedindo os próprios profissionais de criarem novas estratégias para melhorar o atendimento ao cliente, de inovar de acordo com as premissas e valores da empresa e de garantir a apresentação de melhorias para o bem da própria organização.

Muitas empresas contratam consultorias para desenvolver um "modelo" de atendimento ao cliente por telefone, realizar prospecção, receber e-mails, enviar e-mails, agendar visitas etc. Engessar o tratamento reservado ao cliente não é o mesmo que criar um padrão de excelência no atendimento. O padrão de atendimento tem mais a ver com nível de educação, cortesia, respeito, entusiasmo, empatia, independentemente das circunstâncias que permeiam o ambiente de trabalho, do que criar mensagens prontas e robóticas, como se ambos, funcionários e clientes, fossem seres desprovidos de emoções e sentimentos.

> *Quanto maior e mais complexa uma empresa se torna, fica mais importante para a alta gerência treinar funcionários em cada nível, para tomarem decisões independentes sobre prioridades, consistentes com a direção estratégica e o modelo de negócios da companhia.*
>
> — Clayton M. Christensen, uma das maiores autoridades mundiais em inovação

CONHECIMENTO DO CONCORRENTE

> *Vendedores medianos conhecem tanto os seus produtos como os seus concorrentes superficialmente — porém, contudo, todavia — já não posso falar o mesmo dos profissionais...*
>
> — Magno A. Sipaúba

A última parte dos quatro C's da negociação é de fundamental importância, não apenas porque transmite segurança ou credibilidade para o cliente, mas porque saber os pontos fortes do seu concorrente, bem como os fracos, nos dá, primeiramente, uma capacidade descomunal para aplicar **estratégias de comparação indireta**, quando necessário.

Veja o exemplo de um vendedor de automóveis que percebeu o interesse do cliente por um de seus carros. O cliente, porém, disse estar em dúvida entre seu carro e o do concorrente. O que o vendedor pode fazer?

Primeiro, caso tenha criado um ótimo relacionamento inicial, o vendedor pode perguntar o que chamou a atenção do cliente no outro carro. Então, o vendedor ouve atentamente, e em seguida, faz as observações necessárias.

> [Cliente] Olha, eu também gostei do outro carro por causa da direção elétrica, é muito confortável ao dirigir.

A estratégia da comparação indireta, ou ECI, consiste em tirar o foco do cliente de uma qualidade que o concorrente possui — no nosso exemplo, a direção elétrica — e que chamou muito sua atenção e transferir para o fechamento da venda. Nesse momento, é preciso pegar o gancho da informação sobre a direção elétrica, "...muito confortável ao dirigir". A partir daí, o foco está em conforto ao dirigir e não na direção elétrica. Com essa informação em mãos, a ideia é trazer mais dados sobre o conforto que o cliente terá ao dirigir.

> [Vendedor] Então, pelo que eu entendi, o senhor gostou do conforto ao dirigir, não é mesmo? Isso é ótimo! Porque, como o senhor percebeu no *test drive*, além do conforto que o carro (fale sempre o nome da marca ou produto que você está vendendo) lhe proporcionou, o senhor percebeu também que os bancos **são extremamente confortáveis**, e essa é uma das **grandes vantagens** desse modelo. Isso significa que o senhor e toda a sua família terão condições de dirigir com bastante conforto e maciez, tanto em perímetro urbano, como também naquelas viagens que o senhor gosta de fazer em família. Com este carro (enfatize o nome da marca), o senhor e a sua família não correm o risco de ficar com dores na coluna em viagens de longas distâncias. **O senhor considera importante esses benefícios para a aquisição do seu novo veículo?**

Veja que tirei o foco da direção elétrica e utilizei a palavra "conforto" para enfatizar que a direção é confortável e que outros itens também são. Essas características servirão como benefícios atrelados às necessidades do cliente. Note que não falei mal do concorrente, atitude comum entre vendedores medianos. Esse é um exemplo para não entrar em uma queda de braço com o concorrente sobre "aquilo que eu tenho e ele não tem" e vice-versa. É a estratégia da comparação indireta, ou seja, o cliente não pode perceber que eu estou tirando seu foco do meu concorrente e engrandecendo e fortalecendo o meu produto na sua mente. Quanto mais eu discorrer sobre os benefícios associados às necessidades reais do meu cliente, mais o meu produto se destaca na mente do comprador e menos ele pensa no meu concorrente.

A estratégia é tirar o foco do cliente de algum diferencial que o meu concorrente possui e o meu produto não. Se o que chamou a atenção do cliente para o concorrente foi a tecnologia do som, então faça uma pergunta sobre o que ele considerou importante nessa tecnologia. Talvez o cliente diga apenas que no outro carro ele tinha a opção de falar ao telefone pelos alto-falantes do veículo, e talvez você apenas tenha se esquecido de mencionar que o seu produto também tem essa tecnologia. Portanto, uma das melhores estratégias para descobrir a motivação do cliente é fazer perguntas neutras. **"O que chamou sua atenção no outro veículo?"**

NÃO FALE MAL E NEM ELOGIE...

Quando um vendedor percebe que seu produto é melhor do que o do concorrente, ele não hesita em fazer comparações desnecessárias. Muitos não se contêm e mencionam o concorrente várias vezes, citando aspectos inferiores aos do seu próprio produto, sem saber que esse comportamento pode levar o cliente a se questionar se realmente o vendedor está ali para atender suas necessidades ou apenas para bater a meta do mês.

Alguns vendedores parecem até se esquecer do produto que estão vendendo, de tanto mencionar o concorrente, e acabam fazendo propaganda indireta. Sem contar que muitos clientes que já conhecem o concorrente, seja por meio de um amigo ou por experiência própria, podem se sentir constrangidos com as menções invasivas e antiquadas do vendedor ao produto alheio.

Há outros que entram na dança quando o produto do concorrente é citado pelo cliente com elogios e, para não discordar do cliente, acabam elogiando o concorrente. Nenhum vendedor é obrigado a falar mal dos concorrentes e muito menos a tecer comentários honrosos.

Um profissional de vendas deve ficar neutro numa situação em que o cliente faz comentários positivos em relação ao concorrente. Se um cliente diz, por exemplo, "Gostei muito do acabamento interno do veículo tal", em vez de concordar, diga "Entendo sua colocação". Veja que não falei mal nem elogiei. O vendedor pode completar dizendo "Quando fala do acabamento interno, o que o senhor acha de importante no interior de um veículo?". Talvez a resposta fosse "O outro veículo possui muitos porta-objetos, e isso chamou minha atenção". É possível concluir que o concorrente apenas tenha conseguido vender melhor a questão do acabamento interno, e você, não. Então, esse é o momento de entrar em ação e começar a discorrer sobre o que seu produto pode oferecer ao cliente, sem mencionar mais o concorrente.

Os melhores vendedores estudam seus concorrentes; não para citá-los em suas propagandas, mas para entender suas investidas, seus pontos fortes e fracos e posicionar bem seu produto diante da concorrência, destacando os grandes benefícios que o seu produto pode oferecer aos compradores.

Mas tudo isso é feito de maneira indireta, porque o objetivo é vender com qualidade. Então, o foco não é falar dos concorrentes e, sim, dos grandes diferenciais que o seu produto possui, para não comprometer a qualidade do atendimento, gerar dúvidas na cabeça do cliente e ainda correr o risco de perder a venda.

COMO CRIAR IMAGEM DE VALOR

Em meus seminários de vendas, reservo um módulo para treinar negociação focada no melhor posicionamento de determinado produto em relação ao do concorrente e a partir de uma linguagem de **comando indireto**.

Errado: "O senhor gostou da camisa?"

Certo: "Sinta o quanto a camisa ficou perfeita em seu corpo!"

No **comando indireto**, não dou opção para o cliente responder com um **"Sim"** ou um **"Não"**. Simplesmente é dada uma ordem para o cérebro do cliente: **sentir o quanto a camisa ficou perfeita**. Nesse caso, não há opção para o cliente escolher se a camisa ficou boa ou ruim. Essa é uma técnica que, na maioria das vezes, impede o cliente de pensar no meu concorrente. Se a camisa ficou perfeita, logo, o próximo passo do vendedor é perguntar qual seria a forma de pagamento, ou apresentar mais itens do seu *mix* de produtos.

O cérebro trabalha por associações, assim, quando emprego a palavra **perfeito**, em milésimos de segundos, o sinal que é transmitido para o cérebro do meu cliente é: o produto não tem falhas, é de altíssima qualidade, alto padrão. Ou "este produto que estou comprando não tem comparações!".

Cuidado ao empregar palavras que não causam um impacto emocional positivo forte, ou IEP. O **Impacto Emocional Positivo** consiste em apresentar um produto de maneira a causar uma boa impressão na mente do cliente, criando um elo entre o cliente e o produto, sem deixar margem para outras possibilidades.

Algumas frases que não causam IEP: "O que acha? Ficou bom?", "Então, o senhor gostou?".

Algumas frases **com IEP**: "Nossa! Ficou surpreendente!", "Essa camisa ficou espetacular no senhor!".

Portanto, para que haja IEP, é necessário o emprego de palavras e expressões como **maravilhoso, fantástico, sublime, extraordinário, excepcional, espetacular, fora**

do comum, inigualável, formidável, sensacional. Cuide também para que o seu semblante e seu tom de voz estejam congruentes com essas palavras e expressões. Imagine um vendedor apresentando um produto espetacular, mas com tom de voz baixo, semblante caído e sem motivação. Não vai causar IEP. Esse tipo de incongruência ainda pode gerar dúvidas no cliente: "Ele está dizendo que o produto é maravilhoso, mas a sua cara não nega, esse produto não presta!". Lembre-se, a voz, a postura e o semblante são fatores necessários para causar IEP no momento da venda.

A TÉCNICA DO "E MAIS..."

O emprego dessa técnica é importante no momento que o cliente está na dúvida entre levar o seu produto ou o do concorrente. Deve ser usada quando você percebe que o cliente gostou tanto da qualidade do seu produto quanto do concorrente. O propósito é mandar uma mensagem à mente do cliente de que seu produto é superior, distanciando-o do outro produto em questão. Veja o exemplo:

> [Cliente] Pois é, estou em dúvida, porque também gostei do outro carro!

Na mente do cliente, os dois produtos podem não ter diferenças significativas. É nesse momento que entra a técnica. Sabendo das reais necessidades do cliente, o vendedor vai empregar primeiro a expressão **"e mais"** para cada benefício do produto que esteja atrelado à uma necessidade do cliente.

> [Vendedor] Como a senhora me disse que dirige muito em áreas urbanas e usa bastante o celular, com este carro não haverá riscos, pois ele possui uma fantástica tecnologia X. E mais, como a senhora possui filhos, este carro já vem com uma tecnologia nos cintos de segurança chamada Y que possibilitará ABC coisas. E mais, com este carro (sempre diga o nome do produto no qual se está vendendo), a senhora ainda conta com um sistema de segurança nos freios chamado Z a grande vantagem é que esse sistema faz isso e aquilo. E mais...

Atenção! Certifique-se de que o cliente está dando sinais positivos e de aprovação enquanto você fala. Portanto, lembre-se de perguntar se é importante o tal produto vir com esses benefícios. Caso contrário, a técnica "e mais" não surtirá efeito, ou pode até surtir o efeito inverso.

Essa técnica está de acordo com o que muitos estudiosos chamam de relação **custo/benefício**. Em linhas gerais, se os benefícios do produto que você está vendendo atendem às reais necessidades de quem está comprando, o preço do produto acaba caindo ou não fica mais em primeiro plano.

O produto acaba se tornando barato pelos tantos diferenciais que possui. Mas, se não forem agregados muitos benefícios, o produto se torna caro no conceito do cliente, o que impossibilita a conclusão de uma venda sadia com rentabilidade. Se o cliente achar o produto caro, das duas uma: ou ele vai brigar por muitos descontos ou não levará por desconto nenhum. Não compensa comprar esse produto.

> *Se você conhece o inimigo e conhece a si mesmo não precisará temer o resultado de cem batalhas. Se você conhece a si mesmo mas não conhece o inimigo, para cada vitória obtida você também sofrerá uma derrota. Se você não conhece nem o inimigo nem a si mesmo, perderá todas as batalhas.*[23]
>
> — Sun Tzu, no livro *A arte da guerra*

RESUMO

Para começar a negociar, primeiro aprenda a barganhar consigo mesmo. Às vezes, a principal barreira na negociação não está do lado de lá da mesa, mas do lado de cá. É o próprio vendedor que dificulta, na maioria das vezes, uma negociação. Aprender a se conhecer é o melhor caminho.

Criar empatia com o seu cliente pode ser a chave para a verdadeira compreensão da real necessidade de quem está comprando. É o que eu sempre digo: assim como a

---

23. CLAY, B. *Revolução nas vendas:* mais de 101 segredos para você ser o agente de mudança que sua empresa precisa para liderar o mercado. Tradução de Claudia Gerpe Duarte. São Paulo: Cultrix, 2011.

fé move montanhas, a empatia move barreiras. Para isso, toda a atenção é pouca na fala do cliente. Não permita que interferências externas possam diminuir o *rapport* com seu cliente. Conhecer seus produtos é predicativo para transmitir credibilidade aos clientes. Baixa credibilidade significa poucos resultados. Quanto mais conhecimento um vendedor tiver dos seus produtos e quanto mais sábia e objetivamente apresentar esses conhecimentos, mais confiança ele transmitirá no momento de uma negociação.

Não preciso me tornar um especialista nos meus concorrentes. Mas, quanto mais eu compreendê-los em suas ações e investidas, mais preparado ficarei, até para responder possíveis objeções ao meu produto. Portanto, é de suma importância conhecer os principais concorrentes, mesmo para neutralizar tipos de ações que configurem desonestidade em um jogo de grande complexidade que é o mercado no qual a sua empresa está competindo.

5. NÃO FECHE A VENDA

Você nunca FECHA uma venda, na realidade você ABRE uma relação de longo prazo.

— Denis Waitley

A expressão "fechamento da venda", muito comum nos livros sobre negócios, afirma que a venda será concluída com êxito. No entanto, se eu utilizo uma linguagem direta e objetiva para garantir essa "conclusão", talvez o cliente entenda de outra maneira. Imagine um vendedor que desde o início de um atendimento dá total atenção ao cliente, é prestativo, faz exatamente o que manda o "manual", mas que, em dado momento, interrompe o cliente e, direta e objetivamente, diz: **"E aí, vamos fechar a venda?"**. O que você pensaria?

Embora não seja a mensagem que o vendedor gostaria de transmitir, essa pergunta pode levar o cliente a deduzir que a frase "Vamos fechar" significa algo como "Vamos acabar logo com tudo isso, eu não aguento mais ficar te ouvindo!"

ou "Vamos parar com essa conversa!" ou "Vamos terminar com tudo isso!" e ainda "Na verdade, eu só quero é que você assine esse contrato!". Além do mais, não utilizamos perguntas fechadas para concluir uma venda porque, assim, corremos um grande risco de receber um simples "Sim" ou um "Não, vou pensar mais um pouco...". Para minimizar esses riscos é necessário fazer perguntas que camuflem a "intenção direta" de concluir a venda. Veja esse exemplo que envolve o financiamento do produto:

> [Vendedor] Muito bem, senhor João. Como o senhor mesmo me disse, esse produto atende suas expectativas. O próximo passo é preencher o seu cadastro para iniciarmos o seu processo de financiamento. O senhor está com os seus documentos pessoais em mãos?

Note que primeiro confirmamos na mente do cliente a sua própria opinião sobre o produto. "Como o senhor mesmo me disse, esse produto atende suas expectativas..." Essa é uma das estratégias para jogar a responsabilidade da compra para o cliente. Afinal, foi ele mesmo quem disse que o produto é ideal para ele, não o vendedor. Para que isso aconteça, uso uma técnica que chamo de indução indireta. A indução pode ser aplicada quando o produto que está sendo vendido pode ser testado ou experimentado antes da compra.

Uma cliente entrou em uma loja de sapatos e se interessou por um modelo que estava na vitrine. Ela quer um sapato confortável porque será usado para o trabalho.

Então, vamos considerar que a cliente já esteja com os sapatos nos pés, experimentando-os. Veja como seria a atuação de um vendedor tradicional e a de um profissional de vendas:

> **[Vendedor tradicional]** Então, dona Cristina, a senhora gostou? O que a senhora achou? Ficou bom? Vamos levar? A gente parcela até em dez vezes no cartão de crédito sem juros!
> **[Profissional de vendas]** Dona Cristina, como a senhora mesmo me disse, esse sapato é muito confortável. E o que mais a senhora gostou nele?

Nesse último exemplo, indiretamente induzo minha cliente a elogiar o sapato que ela está comprando — sem que ela perceba, é claro! Nesse caso, consigo criar registros positivos no inconsciente dela, que serão fatores mandatórios para elevar o nível de desejo pelo meu produto e, por fim, concluir a venda com satisfação para ambos. Quanto mais você conseguir extrair elogios do cliente ao seu produto através da **indução indireta**, maior será a possibilidade de efetivação da venda.

Não é errado um vendedor elogiar o produto que está vendendo, é o mínimo que ele deveria fazer. No entanto, ele precisa se certificar que o cliente também está concordando. Para efetivar uma venda sadia, o mais importante nesse caso não é a quantidade de elogios que o vendedor tece em relação ao seu produto, e sim o quanto de elogios ele consegue extrair do cliente.

PERGUNTAS PARA EXTRAIR ELOGIOS AO SEU PRODUTO

"Além da sofisticada tecnologia de que o senhor mesmo disse que gostou, **o que mais** chamou sua atenção para esse produto?"

"Além do *design* que a senhora elogiou, o que mais lhe **deixou feliz** em relação a esse produto?"

"Diante de todas essas qualidades, que o senhor disse que gostou muito, quais são as características que **mais o impressionaram?**"

ELIMINANDO AS OBJEÇÕES

> *Menos de 10% da razão do sucesso ou do fracasso dos acordos têm a ver com o assunto em si. Mais de 90% têm a ver com as pessoas e o processo.*
>
> — Stuart Diamond

Muitos especialistas concordam que a venda começa quando o cliente diz "não" ou quando começa a fazer suas "intermináveis objeções". Talvez eu possa concordar em parte com esses conceitos. Acredito que quando um profissional de vendas consegue inspirar empatia, transparência, credibilidade e conhecimento holístico no momento da venda, não sobra espaço para dúvidas e objeções; se muito, para algum tipo de esclarecimento adicional. As objeções, em muitos casos, surgem porque o cliente não entendeu ou foram mal explicadas as informações apresentadas. Portanto, a venda não começa quando o cliente diz "não". Na verdade, se o cliente disser "não", provavelmente a venda já está declinando e o vendedor ainda não percebeu.

Quando o cliente rebater seus argumentos, entenda como um sinal de que houve alguma falha na condução do processo de venda. A responsabilidade de criar o desejo de comprar é do próprio vendedor, e, caso ele não tenha proporcionado uma experiência extraordinária para o cliente, com certeza haverá muitos "nãos" e muitas objeções para serem contornadas.

As objeções são sinais de que o cliente está confuso. Portanto, é necessário clareza na apresentação. Uma dica: faça perguntas neutras.

> [Cliente] Não, realmente eu estou só olhando!

Vendedores com medo de perder a venda partem para o "desconto".

> [Vendedor] E se eu te der um desconto, a gente fecha?

A pergunta de um profissional de vendas seria diferente.

> [Profissional de vendas] Dona Cristina, até para me posicionar melhor, o que a senhora tem em mente?

Ou seja, o profissional não se precipita soltando descontos à revelia. Pelo contrário, ele faz perguntas neutras para saber se realmente o problema está nos descontos ou em outra questão.

Perguntas neutras nos fazem entender se houve problema ou mal-entendido em algum momento do processo. Se houve, então é hora de se desculpar com o cliente, contornado da melhor maneira a situação com uma postura o mais ponderada e esclarecedora possível.

NÃO BANALIZE SUAS CORTESIAS

Muitas empresas utilizam brindes como cortesia para influenciar na conclusão da venda. Nada de errado nisso se os objetos não caírem nas mãos de vendedores medianos, que têm a capacidade de colocar todos os brindes da loja no diminutivo. "Então, vou te dar um **chaveirinho** como cortesia, está bem?" "Você acaba de ganhar uma **garrafinha** personalizada, olha que legal!" "Pra fechar agora, mas só se for agora, eu te dou uma linda **canetinha**, pode ser?"

Muitos clientes gostam de acreditar que estão ganhando algo especial. Nesses casos, valorize as cortesias como produtos "preciosos", para passar a ideia de que o cliente está comprando um e levando dois. Portanto, quando for falar das cortesias, fale com propriedade e comente sobre alguns dos benefícios que o brinde tem e sobre a experiência que vai proporcionar ao o seu cliente. Se você não valorizar suas cortesias, tampouco o cliente o fará. E ele ainda vai pedir todos os brindes como justificativa para finalizar o processo da compra.

PROFISSIONAIS INFLUENCIAM, VENDEDORES FORÇAM!

Entre vendedores medianos, talvez seja comum o hábito de se lamentar com o intuito de sensibilizar o cliente a fechar a compra. "Por favor, fecha comigo, eu preciso bater a meta deste mês!" "Se você fechar comigo, até minha família vai te agradecer!" Bom, vou privar você de mais exemplos, pois certamente já ouviu algo parecido.

Situações como essa têm se repetido com frequência no varejo porque vendedores geralmente não têm consciência dos impactos negativos ou positivos que suas ações e atitudes estão causando. E dificilmente esses vendedores têm o hábito de estudar e se aprimorar para se destacarem no que fazem. Alguns chegam a alegar que não buscam se aprimorar porque estão de "passagem" para um emprego melhor, estão usando o emprego atual apenas como ponte.

Tenho pena da próxima empresa que contratar esse vendedor. Se ele não construiu hábitos de trabalhar com excelência na empresa atual, é improvável que seja excelente na próxima empresa. A possibilidade de ele se juntar com as "maçãs podres" da nova empresa e influenciar negativamente o novo ambiente de trabalho é muito alta. Por isso, antes de realizar qualquer contratação, pergunte se o candidato se considera um funcionário excelente. Caso a resposta seja positiva, peça para ele falar sobre algumas atitudes que contribuíram para essa afirmação. Lembre-se de que ser pontual, respeitar a todos, ser educado e cortês, preservar os valores da empresa, ser ético, proativo e atingir as metas e os objetivos é o mínimo que se espera de um funcionário. Não tem nada de excelente nisso. Para elevar os lucros e os resultados de uma empresa, é imprescindível que o padrão de contratação seja elevado. Contratando e mantendo funcionários medianos e até mesmo abaixo da média, a empresa não pode exigir resultados acima da média.

Perceber que o emprego atual não subsidia cursos e treinamentos de desenvolvimento profissional e não enxergar boas perspectivas em longo prazo são sinais de que está na hora de buscar uma empresa que possa atender à visão de futuro do profissional de vendas.

Muitas empresas do varejo não estão preocupadas em construir uma marca ou um nome que possa perdurar. Elas pensam apenas no "aqui e agora" e mal sabem que o amanhã vem logo depois do hoje. Mas a consciência cauterizada pelo "lucro imediato a qualquer custo", independentemente de tudo e de todos, neutraliza sob o argumento do alto custo a capacidade de a empresa implantar programas de capacitação e desenvolvimento profissional. Portanto, é importante fazer uma avaliação da futura empresa durante a candidatura.

Influenciar e não foçar o cliente a comprar são ações que devem ser entendidas como uma arte para quem está em constante aprendizado, tanto empresas, como funcionários. Do contrário, geralmente acontece aquilo que eu chamo de "efeito bumerangue". O vendedor força a venda e o cliente, no calor do momento, compra o produto. Mas, quando o vendedor menos espera, o cliente volta não para comprar um novo produto, e sim para cancelar a venda anterior!

[Cliente] Oi! Tudo bem? Eu voltei para cancelar a compra, depois que saí daqui, pensei melhor!

O profissional de vendas também corre o risco de uma tragédia dessas acontecer. Mas os riscos são quase zero porque esse profissional se preocupa em esclarecer e tirar todas as dúvidas antes que o cliente assine o contrato. Na verdade, o profissional de vendas tem as mesmas características de um consultor. Ele possui a habilidade de identificar as reais necessidades do cliente, bem como, seus desejos, e apresentar um produto que possa se adequar a esse perfil. Por isso, ele não "força a barra" para vender. Ele possui a habilidade de transformar a venda em uma fantástica consultoria, em que sinaliza para o cliente que aquele produto é a sua melhor opção.

Consultores de vendas são como faróis de neblina em tempos de neve, eles permitem que os clientes enxerguem melhor, antes mesmo de tomar a decisão de prosseguir.

— Magno A. Sipaúba

6. PÓS-VENDA

Um dos grandes segredos de um profissional de vendas não está apenas na quantidade de clientes que ele recebe na porta da loja, e sim na quantidade que retorna por ela.

— Magno A. Sipaúba

Um ótimo pós-venda começa na venda, e não depois dela. Em essência, o objetivo é garantir que aquele cliente não entre por outra porta e volte a entrar pela porta da qual saiu na última vez: a porta de sua empresa.

Fidelizar o cliente é um dos fatores mandatórios para manter o crescimento, inclusive em meio à crise. É o pós-venda que, no fim das contas, garantirá que aquele cliente continue comprando em sua empresa, independentemente se o vendedor original faz ou não mais parte do quadro de funcionários.

Muitas empresas colocam a responsabilidade do pós-venda apenas nas mãos do vendedor, e não se certificam se, de fato, aquele vendedor está fazendo um ótimo pós-venda para a empresa ou se está fazendo um ótimo pós-venda para si mesmo, com a intenção de, se eventualmente deixar o emprego, levar consigo todos os clientes fidelizados no tempo em que ficou na sua empresa.

Meu conselho é que a empresa faça algum tipo de acompanhamento dos procedimentos dos vendedores. Se for identificado que determinado profissional não está vestindo a camisa da empresa e sim a sua própria, atuando de maneira egocêntrica, e a empresa não agir energicamente, essa empresa terá dificuldades em criar uma carteira de clientes sólidos, ou seja, pessoas fiéis que compram não apenas por causa do vendedor, mas por um conjunto de fatores. Um ótimo atendimento prestado pelo consultor, ambiente agradável, produtos competitivos, um gestor de habilidades interpessoais são alguns dos fatores que contribuem para fidelizar o cliente.

Veja que empresa e funcionários trabalham de mãos dadas para criar e estabelecer um relacionamento com o cliente; antes, durante e depois que ele efetivar sua primeira compra. É uma força-tarefa conjunta. A parte da empresa dá todo o suporte ao funcionário para um excelente pós-venda. O vendedor cuida para que o cliente retorne. O vendedor ganha, a empresa ganha e o cliente ganha.

O funcionário de qualquer empresa representa o elo entre o cliente e uma organização. O cliente forma sua percepção a respeito daquela empresa a partir do contato com seus funcionários. Já ouvi muitos clientes dizerem que tal empresa possui um ótimo departamento de vendas e um péssimo pós-venda, por exemplo, simplesmente pela queda de qualidade no nível de atendimento de uma etapa para a outra da comercialização do produto. Todos os departamentos de uma empresa devem unir suas forças para prestar um excelente atendimento ao cliente, mas não é isso que vem acontecendo. Em muitos lugares que conheci, percebi vendedores reclamando dos funcionários do pós-vendas e esses, por sua vez, reclamando dos vendedores. Uma verdadeira guerra entre departamentos, em vez de ser contra a concorrência.

Por onde andei, conflitos como esses têm sido uma das maiores queixas. "Não adianta fazer um ótimo trabalho para vender sendo que, quando o cliente necessita de uma assistência no pós-venda, eles estragam tudo!" "Aqui o pós-venda é complicado, a gente precisa ficar corrigindo o tempo todo os maus feitos daqueles vendedores!" Como se não bastasse, em algumas empresas, os próprios líderes alimentam esse tipo de divisão. Eles não pensam no resultado da corporação, apenas no seu próprio departamento. É como se cada departamento fosse uma empresa competindo entre si dentro de uma empresa maior.

Às vezes, fico pensando em como uma empresa assim, que não consegue nem manter um bom nível de relacionamento e harmonia entre seus departamentos e funcionários, quer criar um relacionamento de longo prazo com os seus clientes. Parece até loucura, não é? Mas essa é a pura realidade! O resultado de tudo isso é que qualquer crise econômica pode abalar e causar um enorme impacto negativo dentro de uma organização. Em outras palavras, o bater das asas de uma borboleta lá na China pode causar tempestades em empresas aqui no Brasil.

O pós-venda não foi criado para ficar importunando o cliente com ligações para vender mais produtos ou bombardeando diariamente a caixa de e-mails com propagandas. A ligação ou o envio de um e-mail são, em sua grande maioria, para elevar o nível de satisfação do cliente em relação à empresa. A venda seguinte flui de maneira natural a partir do momento que o cliente percebe que você não é mais um interesseiro de olho no seu dinheiro, mas um ótimo consultor, que está prontamente à disposição para conduzi-lo novamente a uma melhor escolha quando você precisar. Como diz o ditado: "quem não é visto, não é lembrado!".

COMO REALIZAR UM EXCELENTE PÓS-VENDA?

Com uma ligação para o cliente, apenas para desejar boa semana e dizer que está à inteira disposição no que ele precisar. Com uma mensagem de feliz aniversário ou um cartão de Natal desejando boas festas. Com uma mensagem de feliz ano-novo e votos de saúde, paz, prosperidade e vida longa não apenas para o cliente, mas também toda a sua família. Com uma ligação de agradecimento pela confiança no seu trabalho. Quando disponível, com um brinde, mesmo que seja simples, para dizer que se lembrou do cliente.

O pós-venda, que em muitas empresas é conhecida como central de fidelidade ao cliente, é caracterizado como a união dos esforços de todos os funcionários, inclusive daqueles que ocupam as mais altas posições, para promover resultados de satisfação e felicidade aos seus consumidores. Se, porventura, nas estratégias de uma empresa não estiver em pauta como prioridade investimentos de recursos e capital para estudos de aprimoramento para elevar o índice de satisfação do cliente, provavelmente, essa empresa está correndo um grande risco de perder sua lucratividade em longo prazo.

O pensamento tradicional, que permeia a mentalidade de muitos empresários brasileiros, está em investir em um tipo de marketing que possa induzir seus clientes a comprar novamente seus produtos. Na outra ponta, há empreendedores que investem tempo e recursos financeiros na promoção de sua marca e na capacidade de se relacionar de maneira única e verdadeira com os consumidores. Infelizmente, esse é um grupo de poucas empresas. A pergunta é: será que minha equipe ou empresa faz parte desse pequeno grupo?

A Zappos é uma delas, que passou de uma empresa que vende sapatos, para uma empresa que entrega felicidade com vendas de sapatos. Tornou-se um exemplo na arte de encantar e fidelizar seus clientes. Deixou de ser mais uma no mar sangrento de empresas de comércio varejista on-line para conquistar, como poucas, o seu oceano azul, como diz Kim e Mauborgne em *A estratégia do Oceano Azul*, e relegar a concorrência à irrelevância. A Zappos tem se posicionado como uma gigante mundial de vendas de sapatos "fazendo da felicidade um bom negócio".

Mas, em seus primeiros anos, a varejista on-line passou por grandes dificuldades, e por pouco, não entrou para o rol das muitas empresas da internet que fecharam as portas naquilo que ficou conhecido como "A bolha da internet". Esse fenômeno, caracterizado pelas rápidas alta e queda das ações de empresas chamadas "ponto com", ocasionou o desaparecimento, a quebra, a venda e a fusão de muitas empresas baseadas na internet.[24] Como a Zappos passou de uma empresa praticamente falida a uma das melhores empresas para se trabalhar nos Estados Unidos, alcançando vendas estratosféricas justamente em um período de crise econômica mundial?

Em *Satisfação garantida*[25], o CEO que se tornou bilionário proporcionando felicidade, Tony Hsieh, conta que a principal razão que levou a empresa a marca de 1 bilhão de dólares em vendas em 2008 foi ter investido "tempo, dinheiro e recursos em três áreas-chave". Segundo ele, o **Atendimento ao cliente**, para ser capaz de construir a marca e gerar o "boca a boca"; a **Cultura**, para formar os valores base de sua empresa; e o **Treinamento e Desenvolvimento**, área considerada como um verdadeiro ativo da organização. Quando um novo funcionário era contratado na Zappos, "o próximo passo para a construção da cultura era o treinamento", um programa de quatro semanas em que esse novo funcionário conhece a história da empresa, sua visão de longo prazo, sua filosofia e aprende sobre a importância do atendimento ao cliente.

---

24. https://pt.wikipedia.org/wiki/Bolha_da_Internet. Acesso em: set. 2019.

25. HSIEH, Tony. *Satisfação garantida:* no caminho do lucro e da paixão. Tradução de Longarina. Rio de Janeiro: Thomas Nelson Brasil, 2010.

Muitas empresas focam suas energias e seus investimentos em criar ferramentas e metodologias que, no final, se configuram em um verdadeiro fracasso, simplesmente porque o foco está nas "ferramentas milagrosas" quando deveria estar em motivar aqueles que vão operar essas ferramentas. A justificativa para esses investimentos é a maximização da eficiência na coleta de dados. Já na Zappos, o foco está em "maximizar a experiência do cliente", criando aquilo que denominaram como ligação "emocionalmente pessoal com o cliente". A preocupação da Zappos, diferentemente de outras empresas, não está em criar maneiras de induzir o cliente a comprar seus produtos, e sim em criar experiências impressionantes para esse cliente. Em seu livro *Satisfação garantida*, Tony Hsieh listou as 10 melhores maneiras de incutir serviço para o cliente em sua empresa.

1. O atendimento ao cliente deve ser uma prioridade em sua empresa, não um departamento. Você deve dar o exemplo.
2. A expressão UAU! deve fazer parte do cotidiano de sua empresa.
3. Invista em seus representantes de atendimento ao cliente e confie neles.
4. Não deixe que os clientes abusem de seus funcionários. Se algum cliente for do tipo insaciável, descarte-o.
5. Não cronometre o tempo das ligações, fuja dos *scripts* e não obrigue seus funcionários a induzirem sempre o produto mais caro.
6. Deixe o seu número 0800 à mostra.

7. As ligações são investimentos, não uma despesa que deve ser cortada.
8. Ensine a todos na empresa a comemorar um bom serviço.
9. Contrate pessoas que já são apaixonadas por atender clientes.
10. Ofereça um serviço de qualidade a todos.

Acompanhar o cliente depois da primeira venda é uma das principais chaves para um excelente pós-venda, e o resultado dessa ação é um dos fortes indicadores de que o cliente irá retornar. Muitos especialistas em vendas dizem que acompanhar o cliente é umas das estratégias mais econômicas.

De fato, se você for um empresário, provavelmente vai concordar que é bem mais fácil e econômico manter um cliente do que conquistar um novo. Mas, em muitos casos, essa tarefa não passa apenas de uma linda frase na declaração da missão da empresa. Muitas empresas oferecem descontos e vantagens para captar novos clientes, mas será que também possuem um programa de fidelidade para manter os antigos?

Tony relata que a principal diretriz do crescimento da Zappos tem sido a recorrência dos clientes e a divulgação boca a boca. A filosofia de reter a maior parte dos recursos, por vezes gastos em publicidade, e investir esse dinheiro em experiência e um melhor atendimento ao cliente, deixando o próprio cliente fazer o seu marketing, ou seja, a propaganda boca a boca, tem sido um dos grandes segredos, não apenas da Zappos, mas de muitas empresas que desejam causar uma ótima experiência ao cliente. "Pessoalmente, acho um pouco engraçado quando vou a conferências de marketing ou de construção e gerenciamento de marcas e ouço as empresas falarem sobre os consumidores, sendo bombardeados com milhares de mensagens de publicidade todos os dias, porque geralmente há muita discussão entre as empresas e as agências de publicidade falando sobre como fazer a sua mensagem sobressair", conta Tony.

O pensamento tradicional dos marqueteiros e publicitários está em divulgar seus produtos e realizar promoções através dos principais canais midiáticos. A Zappos está na contramão desse pensamento, e investe seu dinheiro na promoção de compromisso e confiança. Em que a sua empresa investe primeiro: na satisfação dos clientes a partir de uma experiência de confiança ou na promoção de mais um produto, não importando se a compra realizada anteriormente não gerou experiências positivas?

Imagine receber uma ligação eletrônica depois de uma determinada compra para apertar botões apontando seu nível de satisfação e sua disponibilidade para indicar a empresa. O que você pensaria? Será mesmo que a tal empresa está preocupada em ouvi-lo de verdade? Ou está tentando apenas gerar dados de informações objetivas para punir ou chicotear aquele funcionário que prestou aquele atendimento?

A cultura da Zappos é bem diferente dessa administração tradicional. Lá, o atendimento pelo telefone é um dispositivo de construção e gerenciamento de marca, e não há limite de tempo para o atendimento do cliente. A equipe de fidelidade ao cliente tem o tempo que quiser para gerar aquilo que eu chamo de impacto emocional positivo: "na Zappos, não medimos os tempos de ligação [...] a nossa preocupação é que o representante impressione cada cliente". O que eles querem na Zappos é que seus funcionários "deixem suas verdadeiras personalidades brilharem durante cada telefonema para que possam desenvolver uma ligação emocionalmente pessoal com o cliente".

Tom Hopkins, uma das maiores autoridades em vendas dos Estados Unidos, fala que "o contato que vai além daquele relacionado a pedidos é importante." No livro *Vendas em tempos de crise*[26], que ganhou destaque na França como o melhor livro de negócios, Hopkins aponta que se um vendedor entra em contato com sua base de clientes apenas uma vez no ano, talvez no ano seguinte esses clientes não estejam mais em sua carteira. O autor ainda cita o amigo Dan Kennedy, "o guru do marketing", sobre a importância de estar em contato constante com sua base de clientes: "Não acredito em economia deficitária, tanto ou quanto acredito em meu acompanhamento. No ano passado, não fui procurado pelo vendedor ou revendedor com quem comprei o meu automóvel mais recentemente, pelo agente imobiliário com quem adquiri propriedades, pelas lojas de vestuário e seus vendedores em duas cidades diferentes

---

26. HOPKINS, Tom. *Vendas em tempos de crise:* como gerar resultados quando ninguém está comprando. Tradução de Eduardo Rieche. 1ª ed. Rio de Janeiro: Best Business, 2015.

nas quais residi, pelo restaurante em que eu costumava ir frequentemente, mas ao qual já não vou há seis meses. Mas comprei um carro, imóveis, roupas e saí para comer. E posso apostar que vários desses empresários e vendedores, responsáveis por não fazer nenhum acompanhamento ou fazer um acompanhamento ruim, estão se queixando da economia deficitária".

Essa citação me leva a pensar em uma pergunta feita por Hopkins no livro: **"Estou vendendo pouco porque não estou atendendo clientes suficientes ou não estou atendendo suficientemente bem os clientes que tenho?"**. A resposta dessa pergunta é o ponto de partida para uma mudança, tanto de cunho organizacional, como pessoal. A dificuldade está em assumir a responsabilidade.

De um lado, está a empresa ou o gerente, que culpa o vendedor por negligenciar a qualidade do trabalho. Do outro, está o vendedor, que culpa a empresa ou a falta de liderança dela por não promover treinamentos e disponibilizar recursos para realizar tal trabalho. Nesse jogo de apontar culpas, as duas partes, empresa e funcionários, percebem apenas muito lentamente que precisam unir forças e se comprometer para o bem comum e a construção de uma organização forte, quando a tempestade já está à vista. Portanto, a principal crise, não está fora, mas dentro.

Uma empresa responsável, que percebe rapidamente as nuances da economia e é flexível para mudar suas estratégias quando necessário, constrói sobre si uma grande muralha. Então, se uma tempestade chega, não terá força para destruir a sua fortaleza. Muitas empresas atribuem a queda nos resultados à falta de clientes externos, quando, na verdade, deveriam responsabilizar a si, pela sua falta de sabedoria com seus clientes internos.

7. GANHANDO MAIS

Consultores de vendas nunca se satisfazem com o que estão ganhando, não porque são ingratos, mas porque sabem que podem ir mais além...

— Magno A. Sipaúba

O ciclo começou com atendimento inicial, passou pelo relacionamento interpessoal, pela construção da capacidade de surpreender o cliente, pelo aprendizado em negociação e foi para o relacionamento de longo prazo com o cliente — frase de Denis Waitley — visando a um excelente pós-venda ou à fidelização. Mas falta ainda a cereja do bolo. Principalmente porque as metas são audaciosas e crescentes, não é verdade? Dependendo do seu ramo de atuação, aguardar aquele cliente voltar para comprar novamente com você talvez não o leve a conquistar melhores resultados. Então, entra em ação o trabalho de captação de clientes, ou, como alguns tecnicamente chamam, prospecção, que eu chamo de "ganhando mais".

Por que eu resolvi mudar de prospecção para **ganhando mais?** Dois motivos. Primeiro porque alguns gerentes, e não líderes, conseguiram infundir na mentalidade da força de vendas o desprazer que é fazer a prospecção. Imagine um gerente passeando pelo salão de vendas, distribuindo um calhamaço de papéis de *leads* de contatos de novos clientes pelas mesas dos vendedores, aos berros: "Vamos lá, gente! Temos que fazer prospecção, precisamos vender! Liguem para os seus clientes! Retornem as ligações e os e-mails... depois não venham reclamar para mim que o salário está baixo hein?!". Se na empresa em que você trabalha não há uma figura como essa, dê graças a Deus. Vem de cima, e é de cima a responsabilidade de persuadir, e não oprimir, a força de vendas a realizar um excelente trabalho de prospecção. Segundo por que na essência nós, seres humanos, estamos ligados a motivação.

Assim resolvi trocar a palavra prospecção para **ganhando mais** nos meus seminários de vendas. A palavra "prospectar" não me motiva, não me impulsiona, não provoca em mim o poder da automotivação para fazer meus resultados acontecerem ou até mesmo melhorarem. Como dizem, "se melhorar, não estraga, se melhorar, melhora"! É surpreendente ouvir um "Obaaaaa, isso muito me interessa!" quando paro no tópico **"como ganhar mais dinheiro"** durante a apresentação dos conteúdos que faço para os alunos dos meus seminários.

Nessa vida, todos nós lutamos para alcançar algo. Mas ninguém luta esmurrando o ar. Existe um alvo, uma motivação, um objetivo ou um propósito. Ninguém trabalha por trabalhar! Na verdade, não trabalhos pelo dinheiro, e sim para atender nossas necessidades elementares ou pelo poder de adquirir patrimônios.

Discutindo sobre a gênese do capitalismo, Sombart, sociólogo e economista alemão, contemporâneo de Max Weber, traz à tona os dois princípios mais importantes da história da economia: a satisfação de carências e a aquisição.[27] Em um contexto de crescimento econômico está um grupo de profissionais que acreditam que podem alcançar melhores posições na vida, inclusive, em termos econômicos. Por isso apostam em um emprego que favoreça suas expectativas, ambições e desejos. Ou seja, um emprego que ofereça remuneração por desempenho e produção, não apenas salários fixos sem variáveis. Em linhas gerais, um profissional de vendas se diferencia dos vendedores porque acredita em suas potencialidades e capacidades, e é essa crença que lhe dá o poder de mover a economia às alturas. Um profissional de vendas quer, deseja e sabe que pode ganhar muito mais do que está ganhando.

Com esse entendimento, os profissionais de vendas criam uma barreira contra as investidas do comodismo. Já muitos dos vendedores estão na profissão por falta de opção ou por não terem dado certo em nenhum outro emprego. Estão como vendedores, mas não são apaixonados pela profissão. Não gostam de estudar, não ambicionam nada em especial, não desejam, não agem, não querem crescer. Parece que

27. SOMBART, W. apud WEBER, M. *A ética protestante e o espírito do capitalismo*. Tradução de Mário Moraes. São Paulo: Martin Claret, 2013.

simplesmente resolveram seguir o fantástico conselho do amigo: "Cara, já que você não deu certo em nenhum outro emprego, e não gosta de estudar, porque você não tenta uma vaga como vendedor?".

Em consonância com o conselho daquele amigo, algumas empresas facilitam a contratação desse tipo de vendedor. O que importa para o candidato é a assinatura do gerente no *currículo*; ter se saído bem na dinâmica de grupo; na entrevista com o RH, dizer a palavras bonitas sobre suas qualidades decoradas, como "sou muito proativo, tenho um nível elevado de resiliência, consigo me adaptar facilmente a momentos difíceis e adoro trabalhar em equipe"; e, por fim, realizar aqueles "infalíveis" testes psicológicos para identificar com "total precisão" o perfil comportamental e dominante. Depois, é só celebrar! O candidato está contratado!

A partir daí, é trabalhar e dar aquele "gás" nos primeiros seis meses — para garantir o seguro desemprego, claro! — para logo depois começar a mostrar a verdadeira face, disseminando desânimo, pessimismo, insubordinação e contendas pelos quatro cantos da empresa. Então, perceba que é muito fácil conseguir um bico de vendedor. Passa por seguir o conselho do amigo e contar com a falta de *feeling* do gerente de vendas, com a inabilidade do RH em realizar uma avaliação mais sábia e com uma pitada de sorte para marcar as respostas que mais qualificam o candidato naquela vaga dos testes psicológicos. Bingo! Boas-vindas ao novo funcionário! As pessoas que desejam ganhar mais financeiramente precisam se perguntar o que estão fazendo de diferente para alcançar seus objetivo. Caso você trabalhe por metas mensais — o que é comum na área de vendas —, sua avaliação precisa acontecer em intervalos menores. Nesse caso, podemos contar com a ferramenta **SMART**, que nos ajuda a definir nossas metas tendo como referências os seguintes atributos:

S: **be specific** ou seja específico. Tenho clareza sobre meu objetivo? Conheço minha meta em detalhes?

M: **be measurable** ou seja mensurável. Que tipo de estratégia vou adotar para acompanhar minha progressão e discernir se estou no caminho certo? É hora de mudar as estratégias?

A: **be attainable** ou seja atingível. Minha meta tem sentido? É possível alcançá-la?

R: **be relevant** ou seja relevante. Por que esse objetivo é importante? O quanto alcançar esse objetivo é significativo para mim? Caso não haja uma explicação plausível e convincente para a importância de alcançar esse objetivo, então não me esforçarei nem me dedicarei o bastante para conquistá-lo! Se não é importante, por que desperdiçar esforços? Lembre-se: quanto maior o grau de relevância do objetivo, maior será sua motivação para conquistá-lo. A figura de um líder em momentos como esse tem a capacidade de nos motivar, possuem a habilidade de nos inspirar e imprimir em nós uma imagem vívida da importância dos ganhos quando alcançarmos nossas metas. O líder não é a figura mais importante de uma empresa, mas é crucial para elevar a motivação e o empenho no alcance dos objetivos e metas da equipe.

T: be timely ou seja oportuno. O momento de começar a caminhada rumo ao objetivo é agora? Alguma coisa me impede de começar agora? Se a resposta for "nada", então, este é o momento oportuno.

Acompanhei de perto um gestor do varejo de automóveis que foi transferido da revenda de uma marca e assumiu o departamento de televendas de uma revenda da Volkswagen. Na ocasião, a equipe que ele assumiu era muito desmotivada. No entanto, em pouco tempo, ele foi introduzindo sua liderança e essa energia começou a se espalhar, a ponto de atingir em cheio todos os funcionários daquele setor. O departamento passou a entregar resultados nunca antes alcançados. Essa equipe celebrou mais outra conquista: seu departamento foi reconhecido pela montadora como o melhor da Volkswagen no país. Esse gestor imprimiu na equipe um grande senso de propósito e um alto grau de relevância quanto aos objetivos e metas no qual era impossível não sentir a energia e a luz brilhando em seus rostos.

Entenda um pouco mais a ferramenta em um exemplo prático de um profissional de vendas que deseja ganhar mais utilizando a SMART:

SER ESPECÍFICO

"Quero realizar 36 vendas anuais acima de minha média, que hoje é 96. Minha média mensal é 8 unidades, mas, próximos 12 meses, quero acrescentar 3 unidades ao mês. Das 8 unidades que vendo, 4 são vendidas aos sábados, geralmente 3 são vendidas na última quinzena do mês e 1 unidade é vendida na primeira quinzena. Com isso, pretendo intensificar minhas ações na primeira quinzena, quando não estou apresentando resultados satisfatórios. Minha estratégia é equilibrar os resultados da primeira quinzena com os da segunda."

	1ª semana	2ª semana	3ª semana	4ª semana	Total
Segunda-feira					
Terça-feira	X		X	X	
Quarta-feira		X			
Quinta-feira	X	X		X	
Sexta-feira					
Sábado	X	X	X	X	
Vendas	3	3	2	3	11

As células em escuro são as vendas pretendidas em dias específicos.

SER MENSURÁVEL

"A cada dois dias, vou tirar 15 minutos no final do meu expediente para avaliar como estão minhas estratégias, se de fato eu as mantenho, ou se está na hora de mudar rapidamente para não comprometer meu objetivo no final do mês."

Vendedores medianos possuem o péssimo hábito de avaliar seu progresso apenas há poucos dias do fechamento do mês, por volta do dia 25. E, depois de refletir sobre seus resultados, costumam dizer: "Eita! Preciso dar um gás, não vendi nada esse mês, acredita?". Acredito! Também acredito que a culpa dos baixos resultados nunca será desses vendedores. Quase sempre a culpa é do mês, que tem muitos feriados, é das férias de julho e janeiro, do pós-férias, é do Carnaval, da Páscoa, é da crise na Grécia, na Europa, é do problema do aquecimento global... Sinceramente, essas desculpas não me surpreendem mais porque simplesmente vêm de vendedores! E os profissionais? Esses assumem suas responsabilidades!

A empresa que sufoca o gestor com seus milhares de processos administrativos e de qualidade, dificultando seu trabalho no que tange ao acompanhamento dos seus liderados para certificar que estão no caminho certo das metas e dos objetivos, não pode esperar resultados satisfatórios. Se, como gestor, eu passo a maior parte do meu tempo respondendo aos intermináveis e-mails da empresa e cuidando para que os processos burocráticos sejam seguidos à risca e concluídos, a mensagem implícita que estou transmitindo é que o mais importante não são os resultados, nem a qualidade da equipe, mas as engessadas burocracias administrativas.

Concordo que toda empresa precisa de normas e procedimentos, que estão lá para facilitar e dar fluidez no andamento de nossas atribuições, tornando-as eficientes. E, em paralelo, é necessário haver um ótimo processo de gestão de pessoas. Mas, se uma empresa supervaloriza o sistema burocrático e subvaloriza seus funcionários, terá grandes problemas pela frente: alto índice de *turnover*, insatisfação, desmotivação e pouco empenho em realizar as tarefas diárias de trabalho.

Talvez você concorde comigo sobre o que provavelmente aconteceria caso uma empresa precisasse engajar uma equipe comercial para enfrentar novos desafios que não possui motivação suficiente para realizar nem mesmo as tarefas básicas do seu cotidiano profissional. Esse é o caso de uma empresa do varejo de automóveis que comprou uma ferramenta com o objetivo de coletar dados sobre a taxa de conversão em vendas de cada vendedor, bem como, sobre o acompanhamento e o cadastramento de cada cliente, para realizar as pesquisas de CRM.

Fiquei sabendo, por um funcionário da empresa, que a ferramenta havia custado cem mil reais. Podemos dizer que foi uma grande aquisição. No entanto, essa empresa tinha o hábito de mudar a comissão dos seus vendedores todo mês, sem oferecer uma explicação plausível para a conduta, que, na verdade, é injustificável! No entendimento dos vendedores, o pagamento da ferramenta estava saindo do próprio bolso deles! Imagine a felicidade dos vendedores ao saberem que, mais uma vez, a empresa não vai cumprir com o prometido, mas acaba de adquirir uma fantástica ferramenta? Empresas que cometem injustiças como essa, e outras que pude acompanhar ao longo dos meus anos no mundo corporativo, podem até crescer em períodos de bonança, contudo, qualquer tempestade tem para elas um efeito devastador.

SER ATINGÍVEL

"A análise para crescer em três vendas por mês foi realizada com base na média dos meus três últimos resultados. Pude perceber que nas duas primeiras semanas, posso realizar ações de vendas para as quais ainda não tinha atentado. Portanto, minha estratégia será promover campanhas para atrair novos clientes gerando relacionamentos que acabem se convertendo em novos negócios."

Em minhas pesquisas no varejo, percebi muitos casos nos quais o gerente de vendas simplesmente entregava uma meta ao vendedor sem ao menos verificar se, de fato, ela seria atingível. O discurso do gerente era: "Equipe, estamos com novos desafios, os caras lá de cima estão arroxando a gente, a meta desse mês mudou, em vez de dez vendas por vendedor, agora são dezoito! Ok? Vamos lá! Nós vamos conseguir! Eu confio em vocês! Antes, vamos assistir à um vídeo motivacional!".

Nesses casos, quase sempre as equipes não atingiam as metas propostas. Pensavam: "Bom, se está difícil entregar dez, imagine dezoito!". Já começavam o mês sem esperança, mas... e o vídeo motivacional? Só dura algumas horas, não se sustenta por muito tempo. A empresa sabe que a equipe não vai entregar as dezoito vendas. Na verdade, a direção quer chegar a uma média de doze vendas por vendedor, por isso joga a meta lá em cima. Às vezes, fico pensando, será que é tão difícil assim não conduzir uma equipe usando apenas um lado do cérebro? O raciocínio é lamentável. É sabido que aumentar a meta de dez para doze vendas significa pagar a comissão pelo objetivo alcançado. Já com a meta de dezoito, não há esse "problema".

Caso você trabalhe em uma organização que adota condutas antiéticas, aconselho que você reflita sobre seus valores, porque essas empresas pouco se importam com essa palavra e principalmente com você!

SER RELEVANTE

Como eu já havia dito, o grau de importância de alcançar o objetivo faz entrar em ação nosso sistema interno de motivação, que será acionado para nos dar força e energia suficiente para agir em prol da meta. Talvez você já tenha ouvido algum colega de trabalho dizendo: "Cara, preciso bater minha meta, caso contrário, tô enrolado. Meu gerente falou que se eu não atingir a meta neste mês, não há como me segurar na empresa!".

Vou dividir essa frase em duas explicações. No varejo é comum ouvirmos a palavra "preciso" relacionada a metas, como na frase acima, "eu preciso bater minha meta".

Essa palavra não ativa no meu cérebro o poder da automotivação, ela não denota ação, não comunica energia, nem me dá força para conquistar meus resultados. Portanto, mude para "**vou** bater minha meta". A palavra "**vou**" pressupõe que nada pode impedi-lo de alcançar seus objetivos. "Preciso" tem conotação reativa, enquanto "vou" possui conotação proativa. O cérebro também é ativado pela linguagem, e ao usar frases como "não vou conseguir", "impossível de alcançar", "não posso", você não motiva seu cérebro a agir em busca de uma solução ou de uma saída para os problemas. Troque todas essas frases para outras: "Como eu posso resolver essa situação?", "Acredito que existe uma saída, qual seria?", "Como vou agir para chegar onde quero chegar?", "Ainda não atingi meu objetivo, mas já consigo perceber minha progressão!", "Acredito que posso conquistar minha meta!", "Nada é impossível!".

Henry Ford dizia: "Se você acredita que pode, você está certo! Se você acredita que não pode, você também está certo". Em que você acredita? Como é sua autoimagem? Se for a de um perdedor, então o resultado não poderá ser outro, senão o de um perdedor! Se for a de um vencedor, o resultado não pode ser outro, senão o de um vencedor!

ATIVANDO SEU PRÓPRIO SISTEMA MOTIVACIONAL

Com a ferramenta SMART, você viu um exemplo de crescimento em resultados representado por um acréscimo de três vendas por mês. Naquele caso, a comunicação interna do profissional é, em sua maior parte, cognitiva, voltada para seu sistema racional, "três vendas por mês". Assim, para ativar seu próprio sistema motivacional, você precisa dar aos dados (três vendas) um sentido de propósito. Por exemplo, três vendas significam um ganho de 1.500 reais a mais no seu salário, o que corresponde a 18 mil reais ao final de 12 meses. Você pode usar uma parte desse dinheiro para quitar seu carro, comprar alguns móveis para a casa, viajar com a família para uma praia maravilhosa e ainda realizar uma aplicação financeira! Note: o dinheiro que você vai ganhar com as três vendas e o que você vai conquistar com esse dinheiro precisam estar claros em sua mente.

Em meus seminários de vendas, aconselho os participantes a evocar propósito para além do ato de "ganhar dinheiro". Embora a dica valha para todas as pessoas que desejam conquistar algo na vida, para quem trabalha com metas e comissões sempre será necessário imprimir na mente um significado maior para se chegar a um objetivo proposto. Comece a criar imagens vívidas das coisas que você irá realizar quando alcançar suas metas e objetivos. Alimente-se dessas imagens diariamente e você reforçará em seu espírito um grande sentimento de persistência para avançar sem medo em meio às adversidades.

Comece a fazer declarações sobre os ganhos que você terá quando alcançar seus objetivos. Exemplo: "Quando alcançar meu objetivo, vou ganhar prestígio com a minha liderança, serei reconhecido no meu trabalho, meus filhos serão beneficiados porque terei condições de proporcionar a eles um nível melhor de educação, minha esposa será beneficiada porque... meus pais serão beneficiados porque...". Quanto mais você souber descrever seus ganhos e falar sobre quem irá se beneficiar com suas conquistas, maior será o grau de relevância da sua meta. E, quanto maior for o grau de relevância da sua meta, maior será seu nível de foco e concentração para atingi-la. Seu sistema motivacional não é ativado apenas pelo dinheiro em si, mas também por aquilo que você pode conquistar e pelo quanto você e as pessoas ao seu redor ganharão.

DICA AOS GESTORES

Para muitos cientistas, nós, seres humanos, somos motivados por duas forças: a busca pelo prazer e a fuga da dor. Curiosamente, a fuga da dor talvez seja a força motivacional mais comumente utilizada por muitos gestores. Lembrem-se da fala do vendedor do exemplo anterior: "Meu gerente falou que, se eu não atingir a meta deste mês, não há como me segurar na empresa". Embora muitos gestores acreditem que estão motivando seus funcionários ao se valer da tática da pressão, essa não é, nem de longe, a melhor estratégia. Ainda que o gestor tenha tido experiências positivas e eficientes com sua equipe em relação ao alcance de metas, ele está criando mais efeitos deletérios do que benéficos à saúde dos seus funcionários.

Todos nós temos um limite para o estresse. Quando atingimos esse limite, passamos a trabalhar num modo de vida muito parecido como o de um animal que está fugindo de um grande predador e sabe que está em vias de perder a vida. Assim é a rotina de muitos funcionários. O gerente faz suas ameaças e o funcionário, em uma luta desenfreada, corre para não perder a vida, ou seja, o emprego. Se com as ameaças o funcionário bater sua meta, adivinhe qual será a estratégia que o gerente utilizará com esse funcionário no próximo mês? Novamente ameaças. Dependendo do profissional, a manutenção desse ciclo, mesmo que seja por um curto período, pode gerar tensão, estresse, depressão, ansiedade generalizada e pânico (forma de medo em grandes proporções) e causar doenças psicossomáticas, começando com uma disfunção no sistema nervoso central até atingir o periférico. O corpo começa a adoecer.

A melhor maneira de motivar seus funcionários é usar a estratégia da busca pelo prazer. Todo gestor deveria se reunir com cada um dos seus funcionários para traçar as metas, partindo de um objetivo factível e imprimindo na mente de cada vendedor os ganhos que terão quando a meta definida for batida. É de fundamental importância a equipe nessa jornada para motivar os funcionários nos estágios do progresso e, se preciso for, mudar a estratégia em tempo hábil para não comprometer o resultado final. Mas como um integrante totalmente ativo dentro da quadra, não apenas como um observador em uma arquibancada.

O gestor que não analisa o progresso de sua equipe, respeitando e entendendo a particularidade de cada integrante, não pode chegar no final do mês, nos últimos dias de faturamento, e colocar um jugo sobre a equipe que ela não pode suportar. Se não houve diligência no acompanhamento durante a primeira parte do mês, como exigir resultado nos últimos dias? O gestor que acompanha os processos da empresa, mas não as pessoas, não pode ser considerado um líder de equipe. Essa figura será apenas um supervisor de processos.

SER OPORTUNO

Por fim, a SMART nos impele a perceber se há algo em nossa equipe ou funcionário que possa dificultar a conquista das metas. Isso significa que para começar a caminhada rumo aos objetivos, é preciso ter certeza de que a equipe está com o mesmo pensamento e falando a mesma língua. Todos precisam estar harmonizados em uma só visão. Apenas um funcionário que destoe dos demais pode contaminar o restante do grupo com pessimismo e desânimo, e pode tirar a equipe do caminho da vitória e levá-la para o do fracasso.

Algumas empresas adotam políticas muito engessadas no que diz respeito a demissões. Mas, em casos em que o funcionário está agindo sem ética e minando a energia da equipe, é preciso colocar na balança os custos de uma possível demissão e os prejuízos futuros que esse funcionário pode vir a causar em toda equipe e na imagem da empresa. Portanto, momento oportuno não diz respeito somente a tempo. Tem a ver com observação e solução de problemas para, aí sim, acelerar a conquista dos objetivos traçados.

USE AS REDES SOCIAIS A SEU FAVOR

Mark Zuckerberg é um empreendedor que ficou conhecido por ser um dos criadores do Facebook, simplesmente a maior rede social do planeta. Com a finalidade de conectar as pessoas do mundo em um só lugar, o Facebook conquistou uma posição privilegiada que possibilitou a todos os empreendedores que buscam seus clientes em canais midiáticos mapear tendências, usos e costumes e gerar negócios. Veja, se Mark Zuckerberg trouxe estratégias para gerar negócios por meio de uma rede social, não seria sensato fazermos o mesmo?

Na era anterior à internet, se gastava muito na confecção de *banners*, panfletos e folderes impressos. E ainda era preciso pagar um *freelancer* ou uma empresa para distribuir o material em locais próximos aos endereço da empresa para que os clientes pudessem conhecer a marca e receber informações sobre promoções e ofertas. A dificuldade, nesses casos, estava em mensurar a efetividade dessas ações.

Antes do meu primeiro emprego formal, aos quinze anos no McDonald's, trabalhei como *freelancer* para uma empresa em que o serviço era distribuir os panfletos promocionais para dar visibilidade ao cliente e, contando com a sorte, gerar negócios. Eu ganhava por dia trabalhado, recebia vale transporte e alimentação também. Eu saía com um calhamaço de panfletos e tinha de abordar os passantes na rua e entregar em mãos um exemplar do panfleto. Bom, confesso que eu realmente entregava uma parte do material. Já a outra parte... confesso que eu dava um jeito de desaparecer com ela.

Com o advento da internet, não é mais preciso pagar a alguém para distribuir material impresso. Hoje, o material é digital e pode ser disponibilizado na web ou compartilhado no seu próprio perfil no Facebook, Instagram e Twitter.

Portanto, suas redes sociais possuem grande potencial para fazer com que o seu negócio cresça mais rápido do que você imagina. Invista nelas!

COMO CRIAR UMA CARTEIRA DE CLIENTES

Uma carteira clientes serve para gerar relacionamentos como também para divulgar os lançamentos ou os produtos de interesse específico do seu cliente. A vantagem de ter uma carteira sólida de clientes é poder usá-la para sempre. Por exemplo, você vendeu um apartamento para um determinado cliente e agora você vende automóveis. Então, esse cliente passará também a comprar carros com você. Imagine um vendedor principiante que acaba de ser contratado para vender carros. Seu primeiro passo nessa jornada seria construir uma carteira de clientes, cadastrar todas as pessoas que atender, pois todas são clientes potenciais, para o presente e para o futuro.

Alguns vendedores têm uma falsa impressão sobre aquele cliente que entrou, olhou, olhou e não comprou nada naquele dia. No jargão do comércio, esse cliente é chamado de "caroço". Mas será mesmo?

Caso o vendedor tenha prestado um ótimo atendimento, como um verdadeiro consultor, e, mesmo assim, o cliente não efetivou a compra, é sinal de que está na hora de partir para o círculo de amizades desse cliente. Está na hora de pedir indicações, tanto no círculo familiar, como também no profissional. Veja que existem inúmeras possibilidades de efetivar uma venda com outro cliente por intermédio daquele cliente que não comprou nada. Seguindo essa lógica, sempre que eu atendo um cliente, na verdade, estou atendendo vários, aqueles que virão por intermédio deste primeiro.

Com essas ações, o vendedor novato tem a chance de expandir rapidamente seu círculo de relacionamentos, apenas por conseguir se introduzir no círculo de influência de todos os clientes que passarem por ele. Em pouco tempo, ele já terá cadastrado dezenas de potenciais clientes, que, por sua vez, serão peças chave para a constância de bons resultados, para não depender somente do fluxo de loja ou de propaganda institucional. Quando se tem uma carteira de clientes, o maior segredo não está na propaganda ou na localização privilegiada da empresa, mas na sua carteira de clientes!

Agora, imagine que você já é um consultor de vendas, com uma carteira formada de clientes. O seu único trabalho será enviar um e-mail a todos convidando-os a passar no seu novo local de trabalho para tomar um café e conhecer a nova loja ou o novo produto que você está representando. Assim, você começa no seu novo emprego em vantagem, promovendo os produtos primeiro entre os clientes da sua carteira, independentemente de conhecer os clientes que a nova loja já tiver. Portanto, as chances de obter resultados logo ao entrar em um novo emprego são muito maiores do que as de um vendedor novato ou as daquele que não possui uma carteira já formada. Você sempre estará um passo à frente com seus clientes fiéis!

NOME... TELEFONE... E E-MAIL...

O primeiro passo para criar uma carteira de clientes é cadastrar todos que passarem por você. Todos precisam ter suas informações cadastradas, principalmente **nome, telefone e e-mail**. Ninguém pode passar por você e não ser cadastrado. Imagine-se em um dia de chuva, em que muitas pessoas são pegas de surpresa, procuram algum lugar para se proteger e encontram sua loja? Aí há uma grande oportunidade escondida, certo? "Nome... telefone... e e-mail..."

> [Cliente] Boa tarde, onde fica o banheiro?
>
> [Você] Só depois de você me passar o seu nome... telefone... e e-mail!
>
> [Cliente] Mas eu só quero ir ao banheiro!
>
> [Você] Nome... telefone... e e-mail...
>
> [Cliente] Fiquei sabendo que aqui está dando pipoca de graça aos clientes, é verdade?
>
> [Você] Sim! Nome... telefone... e e-mail... por favor!

Bom, acredito que consegui transmitir a importância de cadastrar todos os clientes. Agora, o próximo passo é criar um banco de dados. Na verdade, não vamos criar, já está pronto. E você não precisa pagar nada por isso. O único trabalho que você precisa ter é criar uma conta de e-mail no Gmail, do Google, caso você ainda não tenha. Se sua conta de e-mail não é do Gmail, mas permite realizar o cadastramento descrito a seguir, não haverá problemas. Vou usar uma conta gratuita minha como exemplo.

1. Para começar, vá até a sua caixa de entrada no Gmail e clique no campo **Google Apps**, depois, você irá clicar em **Contatos**.

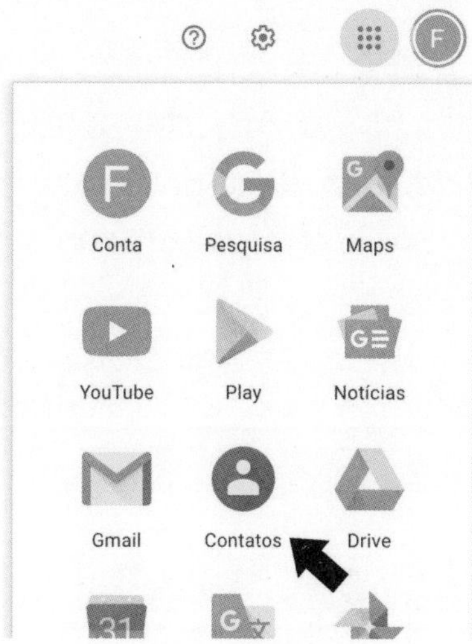

2. Na tela seguinte, clique em **Criar marcador.**

3. Dê um nome ao seu marcador. Para efeitos de exemplo, vamos usar "Clientes Sapato Brasil".

4. Após criar o marcador, clique em **Criar contato.** Esta aba te levará para a tela **Criar novo contato.**

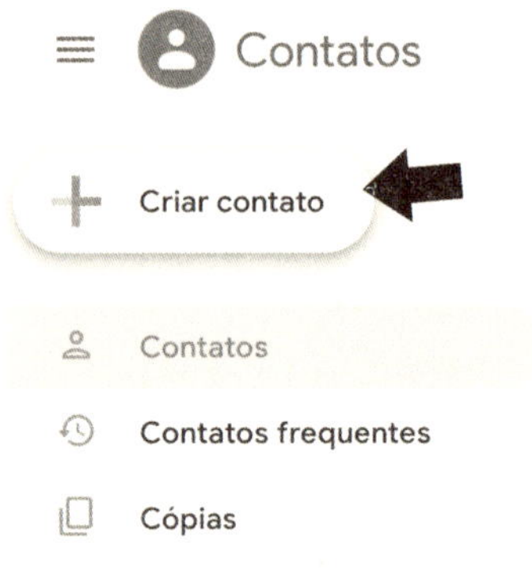

5. Depois de cadastrar todos os contatos, clique na aba **Contatos** e selecione aqueles que você quer adicionar à lista.

Isso quer dizer que vou pedir gentilmente a todo cliente que eu atender e com quem me relacionar nos meus dias de trabalho que me dê nome, telefone e e-mail para mantê-lo atualizado sobre as tendências da moda, falar de novos lançamentos, dar dicas de sapatos para toda e qualquer ocasião etc.

Portanto, a função de cadastrar seus clientes em um banco de dados não é importuná-los com aqueles "chatos e intermináveis" e-mails diários com promoções que mais atrapalham que ajudam, que não têm valor nenhum e só servem para encher a caixa de entrada.

6. Clique no ícone **Gerenciar marcadores**, selecione o marcador da sua lista de contatos e clique em **Aplicar**.

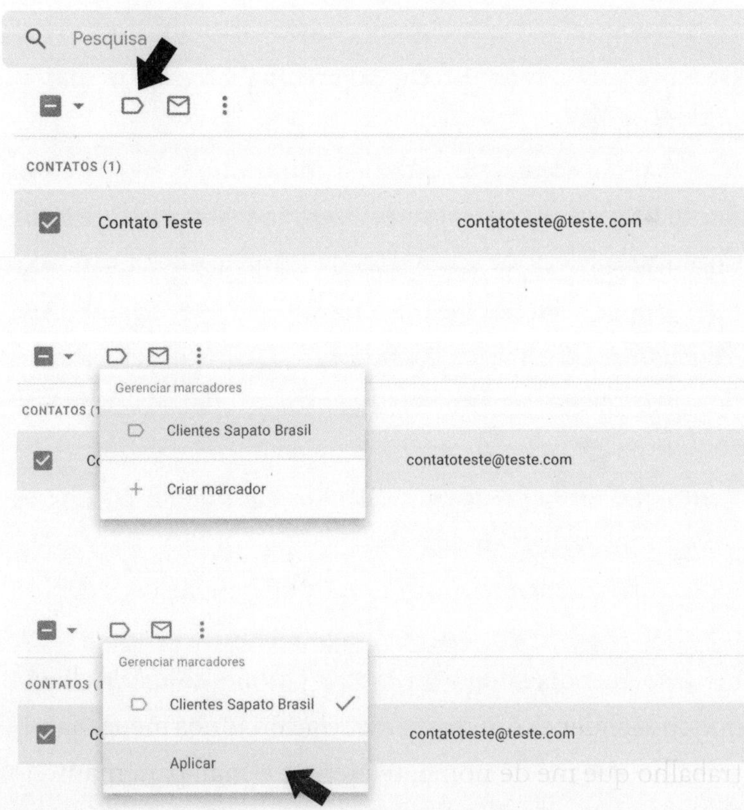

7. E está feito! Quando for escrever um e-mail, ao digitar o nome do grupo criado no campo **Destinatário**, sua lista de contatos aparecerá facilmente.

Agora é só começar a organizar seus novos clientes!

Além de cadastrar nome, telefone e e-mail, você também pode cadastrar a data de aniversário do cliente, justamente para enviar um cartão ou uma mensagem digital, por exemplo.

Imagine conseguir cadastrar no mínimo três clientes por dia. Quantos clientes você terá cadastrado ao final do mês? Considerando vinte dias de trabalho, seria um total de sessenta clientes. Agora, multiplique esse número por doze meses. Já estamos falando de 720 clientes cadastrados por ano. Caso siga na carreira de profissional de vendas, ao final de cinco anos, você terá em seu banco de dados de, no mínimo, 3.600 clientes cadastrados com quem você pode se comunicar diretamente.

Conheço muitos profissionais de vendas e, para eles, o maior segredo é manter uma constância de relacionamento com seus clientes. Muitos desses profissionais não dependem de fluxo de loja ou publicidade da empresa para divulgar seus produtos ou serviços. O trunfo está no banco de dados e na maneira como eles conseguem se relacionar com os clientes, a fim de agregar valor e gerar credibilidade.

E você? O que você está esperando para começar a criar o seu banco de dados? Mãos à obra!

PCP – PLANO DE CRESCIMENTO PROFISSIONAL

Agora que você já conhece o ciclo da maestria em vendas, vamos fazer uma autoavaliação para saber como está seu posicionamento profissional em seu segmento, quais os pontos da roda em que você precisa melhorar ou desenvolver neste mês para elevar seu desempenho e, consequentemente, alcançar maiores resultados.

A roda possui sete áreas que compõem o ciclo perfeito, e estão intimamente ligadas à excelência e ao crescimento profissional. Você preencherá a roda com base nos termos que foram apresentados neste livro e usando uma escala de pontuação de 1 a 10 para cada área. Exemplo: de acordo com o que você leu neste livro sobre **atendimento inicial**, como você se classificaria em uma escala de 1 a 10, considerando o atendimento que você tem prestado aos seus clientes?

Lembre-se: as notas mais baixas serão entendidas como pontos críticos, que necessitam de atenção emergencial para o seu crescimento profissional. Entende-se que, se não houver um desenvolvimento nessas áreas, você poderá ter sua carreira e seu sucesso no seu segmento de atuação prejudicados. Recomendo aos que são gestores que auxiliem seus liderados no preenchimento da roda, caso haja alguma dificuldade na auto avaliação. O gestor pode atuar como um *coach* do funcionário, tanto para apurar a percepção do **estado atual** do vendedor, como para traçar as estratégias para alcançar **estado desejado** que foi estabelecido por ambas as partes em um entendimento comum.

A partir do exemplo abaixo de preenchimento da roda, vamos iniciar uma estratégia, para desenvolver determinadas áreas críticas para o crescimento em nossa carreira.

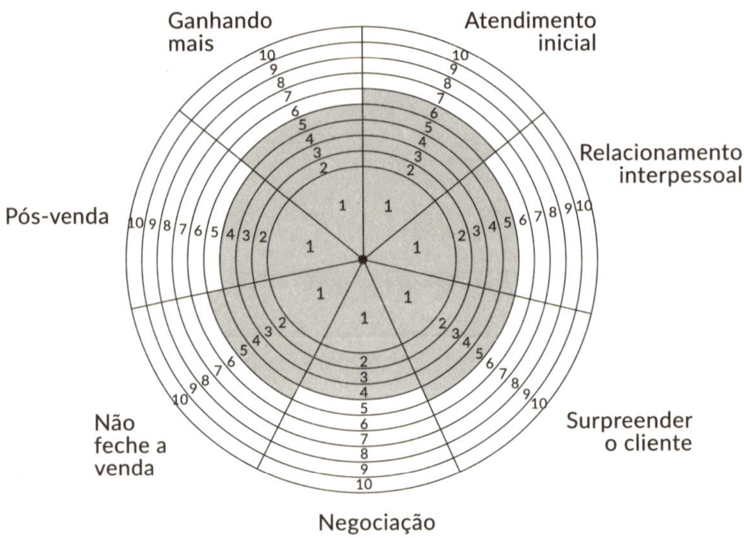

Neste exemplo, percebemos que existem duas áreas que estão em estado crítico: **negociação** e **pós-venda**. Embora as outras áreas também tenham apresentado uma avaliação baixa, recomenda-se selecionar não mais que duas áreas para iniciarmos o PCP. Vamos começar!

Observando a roda, de acordo com que você sabe sobre **atendimento inicial** e sobre o seu elevado grau de importância, como você se avaliaria? Lembrando que as notas mais baixas 1 a 4 são consideradas críticas; 5 a 7, medianas; e 8 a 10, notas excelentes.

Depois de preencher o **atendimento inicial**, avance gradualmente para as outras áreas da roda. Você pode voltar a cada tópico do livro para realizar uma avaliação mais precisa ao seu respeito. Lembre-se de que, quanto mais verdadeiro for consigo mesmo, mais efetivo você será em sua avaliação para realizar as mudanças e melhorias necessárias para o seu sucesso.

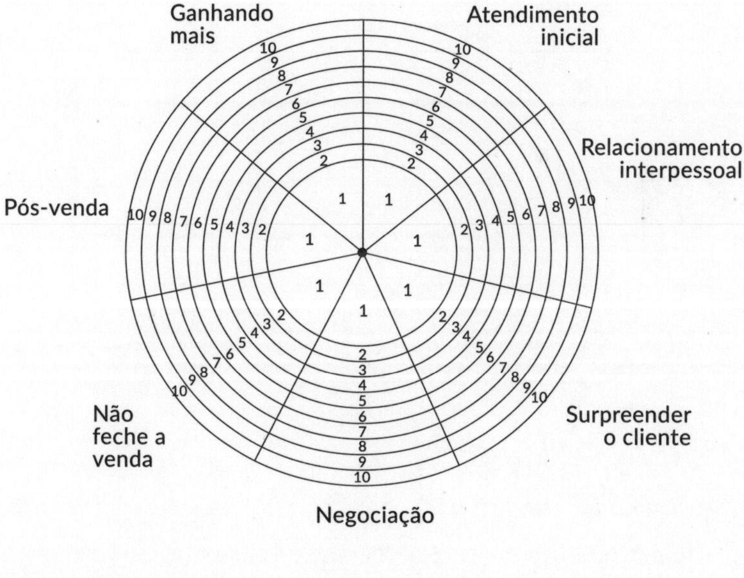

Escreva abaixo as duas áreas mais críticas que necessitam de uma atenção imediata para seu sucesso.

Qual será a primeira área que você começará a desenvolver nos os próximos quinze dias?

____

____

____

O que você fará para começar a se desenvolver nessa área? Vai pedir orientação? Realizar algum treinamento? Assistir à algum vídeo? Ler sobre o tema? Solicitar aconselhamento e *feedback* do seu gestor imediato ou de algum outro profissional de vendas?

____

____

____

____

____

Qual será a periodicidade da avaliação do seu progresso? A cada dois dias? Todos os dias no final do expediente?

____

____

____

Que tipo de âncora você utilizará para lembrar as datas de avaliação de progresso? Vai programar seu celular para soar um sinal de lembrete nessa data? Vai pregar um bilhete em local bem visível?

____

____

____

Quais são os ganhos que você obterá ao melhorar nessa área? Por que é importante se desenvolver nela?

____

____

____

____

Ao fim de quinze dias, procure perceber como está seu desempenho na prática, o quanto você progrediu e melhorou. Se precisar de mais tempo, não passe para a outra área, caso contrário, perderá o foco. Um passo de cada vez, ou uma área por vez, será muito mais eficaz do que tentar se desenvolver em muitas áreas em tão pouco tempo. Portanto, não é uma regra permanecer apenas quinze dias em uma determinada área da roda. Fique nela o tempo que considerar necessário. Talvez passar trinta dias se desenvolvendo em uma determinada área seja mais vantajoso do que quinze. Examine a si mesmo! Repita o mesmo processo de perguntas para as outras áreas de sua empresa, respeitando seu tempo de desenvolvimento em cada uma delas. Marque a data de início do seu desenvolvimento para avaliar seu progresso em todas as áreas da roda, desde os primeiros passos, e mensurar o tempo gasto para subir de nível na autoavaliação.

Data de início da minha autoavaliação ____________________.
Data de início do desenvolvimento da primeira área ____________.
Data de término do desenvolvimento da primeira área __________.
Data do término da autoavaliação em todas as áreas da roda _____
____.

Depois de terminar sua autoavaliação, o que você fará nos próximos três meses para manter seu nível de desenvolvimento elevado? Quais estratégias serão adotadas?

____

____

O que você fará para mensurar ou acompanhar o seu progresso? (Lembre-se de que as âncoras são facilitadores.)

____

____

____

____

____

Para receber gratuitamente o PCP em arquivo PDF, envie um e-mail para: pcp@sicoaching.com.br

SETE DICAS QUE O AJUDARÃO A CRESCER EM SUA CARREIRA

- Tenha o hábito de celebrar seus pequenos passos, eles o levarão as grandes vitórias;
- Não dê ouvidos a vozes pessimistas e negativas, elas podem minar suas esperanças e seu ânimo para conquistar seus maiores objetivos;
- Ande com pessoas que possuem os mesmos valores que os seus e que possam lhe ensinar, orientar e servir como mentoras no caminho que você se propôs a trilhar;

- Leia, no mínimo, dois livros de sua área de atuação por ano. Isso significa que, para ler dois livros de 180 páginas, você precisará de apenas uma página por dia de leitura. Quanto tempo você leva para ler apenas uma página por dia?
- Tenha paciência, hábitos de sucesso não se constroem da noite para o dia, mas com pequenas e regulares atitudes que possam ser aplicadas diariamente, sem tensão e estresse;
- Construa uma visão ou imagem vívida dos seus objetivos. Se possível, imprima imagens que remetam aos seus maiores sonhos;
- Adote a regra de ouro de Jesus Cristo em todos os momentos de sua vida: "Tudo quanto, pois, quereis que os homens vos façam, assim fazei-o vós também a eles...". Não prejudique para não ser prejudicado, aprenda a amar o próximo para ser amado, respeite todas as pessoas para ser respeitado, perdoe para ser perdoado.

No mais, se você não tem consciência de que precisa melhorar e em qual área seria necessário focar a maior parte de sua energia cognitiva e motora, como ter a certeza de que está progredindo ou crescendo profissionalmente?

Em meus seminários, é comum ouvir muitos participantes dizendo que estavam levando uma vida no "automático" e nem sabiam que estavam estagnados. Infelizmente, essa é uma realidade de muitos profissionais e empresas, não apenas no Brasil, mesmo que nosso país esteja aquém do ideal de muitas empresas consideradas "padrão de excelência" no mundo nos quesitos treinamento e desenvolvimento.

Este livro é a primeira obra que apresento ao mercado varejista. Significa que haverá continuação, principalmente porque estamos em progresso. Tive de segurar meus dedos para não pender para a área de liderança, mesmo sabendo o quanto é importante a figura de um líder para uma organização crescer ou sair de uma situação de crise. Outra obra, destinada a essa classe de profissionais, já está em vias de compilação. Espero poder compartilhá-la com você em breve.

AGRADECIMENTOS

Primeiro agradeço a Deus, fonte de minha inspiração e alegria, que me presenteou com uma esposa excepcional, amorosa e uma grande parceira, Michelle Freitas.

Agradeço aos meus filhos, Caio e Jhonatan Magno, que são os meus preciosos amores.

Agradeço à minha supermãe, que, às vezes, também chamo de anjo de Deus, e ao meu pai, que tem me ensinado a ser quem eu sou.

Agradeço aos meus amados irmãos, Marcela, Magda e Marcelo.

Agradeço ao meu sogro e à minha sogra e aos meus líderes espirituais, que são colunas em minha vida.

Agradeço aos meus amigos, mentores e alunos que têm acrescido conhecimento e aprendizado em meu saber, os quais não sou digno de merecer.

Sem essas pessoas, nada do que foi feito teria significado algum!

Primeira edição (outubro/2019)
Papel de Capa Cartão Triplex 250g
Papel de Miolo Lux Cream 90g
Tipografias Chaparral Pro e Lato
Gráfica GRAFILAR